AF308665

par M. de Goyon

(tom. et au privilège.)

F. 1527.
G. 12. B.   P.
           ©

25515

L'UNIQUE MOYEN

DE SOULAGER
LE PEUPLE,
ET D'ENRICHIR
LA NATION FRANÇOISE.

On y propose, entr'autres choses, d'augmenter les Prairies, & de faciliter le Commerce par la navigation dans le Royaume ; Un nouveau Plan de Commerce pour les Grains, à l'avantage du Cultivateur, du Consommateur, & de l'Etat en général; Un Projet d'embellissement & d'une grande utilité pour la Ville de Paris ; Une Méthode simple de faire de grandes Routes, & de les entretenir sans la charge des corvées ; Un nouveau Systême de Voitures publiques plus commodes & moins coûteuses, &c. &c.

*Par M. de G**.*

A PARIS,

Chez Antoine Boudet, Imprimeur du Roi, rue Saint-Jacques.

M. DCC. LXXV.

Avec Approbation, & Privilége du Roi.

AVANT-PROPOS.

Lorsque Christophe Colomb proposa à l'Espagne la conquête d'un nouveau Monde, le siecle d'alors étoit-il aussi éclairé que le siecle d'aujourd'hui? Ce projet avoit-il en soi le moindre degré de probabilité, avoit-il une apparence de possibilité comparable à celle du projet que l'on propose dans ces Mémoires? Non sans doute.

Quand même on auroit reconnu toute la possibilité d'une pareille conquête dans l'exécution, il y avoit des mers d'une étendue immense à traverser, & une infinité d'écueils à craindre, qu'on ne connoissoit pas. Il falloit se transporter dans des climats auxquels on n'étoit point fait, il falloit combattre des Peuples nombreux & les subjuguer, avant d'avoir la possession de leur territoire. Quelles difficultés, quelles dépenses devoient se

préfenter à l'efprit de ceux à qui fut pro-
pofée cette hardie entreprife ! Malgré
tous ces obftacles , & tant de bonnes
raifons qui devoient diffuader de la réuf-
fite, la propofition fut acceptée. On y
employa des vaiffeaux , des hommes &
des fonds qui étoient alors confidérables,
& qu'on devoit regarder comme bien
témérairement hazardés. Enfin la chofe,
contre toute vraifemblance, a eu un certain fuccès.

Dans la propofition que l'on fait ici
la différence eft bien grande. Il n'y a
point de mers à traverfer ni d'écueils à
craindre. C'eft un pays connu dans lequel
on va fans s'expatrier. C'eft chez nous-
mêmes & fans fortir de nos foyers, qu'on
peut faire pour la France des conquêtes
plus avantageufes que celles de toutes les
Indes. La poffibilité en eft fenfible au
moindre Citoyen , au moindre Géomé-
tre ; l'utilité en eft apperçue du moindre Cultivateur , du plus petit Marchand. Il n'y a point de fpéculateur

ou de raiſonneur en politique, qui ne voie qu'avant vingt ans d'exécution ſuivie de ce projet dans toutes les Provinces du Royaume, on n'y rétabliſſe un meilleur ordre, on ne double, pour le moins, ſes produ&ions en tout genre, & on n'augmente conſidérablement ſa population , ſans troubler aucune Nation.

C'eſt en quelque ſorte faire la conquête d'un ſecond Royaume , ou , ce qui vaut encore mieux, rendre celui de France le plus grand & le plus beau qu'il puiſſe y avoir dans le Monde, de doubler ainſi nos richeſſes & notre puiſſance , ſans faire une dépenſe qu'on puiſſe regarder comme un objet, relativement au profit qui en réſulteroit. Car, dès le commencement même de l'Entrepriſe, on ouvriroit au Peuple les portes du bonheur , les tréſors de la terre & du Commerce ſortiroient de l'engourdiſſement où ils ſont détenus , faute d'a&ion & d'encouragement, les vraies richesses végéteroient, pousseroient leurs rameaux, ouvriroient leurs fleurs, & donneroient leurs fruits presqu'aussi-tôt. Quel heureux siécle ! quel heureux Regne que celui où nous vivrons, si le Roi, en n'écoutant que ses mouvemens paternels, daigne adopter les moyens que lui présentent ces Mémoires, pour éterniser sa gloire & sa bienfaisance !

L'UNIQUE MOYEN

DE

SOULAGER LE PEUPLE,

ET D'ENRICHIR

LA NATION FRANÇOISE.

L'EXPÉRIENCE a fait connoître que la prospérité d'une Nation dépend principalement de deux choses, de la nature de son sol, & de son industrie à en tirer parti. Les personnes zélées pour le bien public voient avec regret que loin qu'on se regle en France sur ces deux principes de notre bien-être, on les néglige beaucoup, & on se conduit même d'une maniere qui y est toute opposée. On ne voit tous les jours que des choses qui vont au détriment de nos facultés nationales. La Nature elle-même dégénère, & dégrade insensiblement ce que l'Art a formé avec tant de peine. Nos mœurs, nos usages s'en ressentent, &, qui pis est, nos Loix augmentent les obstacles par les entraves qu'elles opposent à l'industrie humaine ; ce qui met le comble à nos maux.

Tout observateur attentif a remarqué, sans

doute, que la terre que l'on cultive perd cha-que jour de ſa qualité. Ses propres produc-tions l'épuiſent annuellement. Les eaux de pluie trop abondantes lui enlevent ſes ſels & ſon limon nutritif, qu'elles entraînent dans les rivieres & delà à la mer. Il n'en reſte preſ-que que la partie aride, groſſiere & deſſéchée ; en ſorte que, dans l'état actuel où la trouve le cultivateur, il lui eſt moralement impoſſi-ble de lui rendre ce qu'elle a perdu & ce qu'elle perd tous les jours, ſans avoir recours à des reſſources extraordinaires.

Nos mœurs, que les vices ont tout-à-fait énervées, & qui ont tourné tout notre goût du côté du luxe & du faſte le plus outré, atti-rent depuis long-temps les perſonnes opulen-tes dans les Villes, comme étant le ſéjour de l'abondance & des plaiſirs. Toute la ſubſtance du corps national s'y porte, & elles ſont deve-nues les gouffres dévorans des richeſſes & des familles mêmes ; ce qui exténue d'autant les campagnes, où il ne reſte plus que de la miſere, qui met le peuple cultivateur hors d'état de faire valoir la terre qui nous nourrit tous.

Le plus ſingulier encore & le plus affligeant dans nos mœurs à cet égard, c'eſt que ce peuple qui s'occupe à nous fournir notre né-ceſſaire, par un travail des plus pénibles, plus il eſt miſérab'e, plus il eſt mépriſé & avili par les Citadins & les gens riches. Cette injuſte façon de penſer devenue preſque générale le révolte & le décourage. Auſſi voit-on le peuple de la campagne malheureux par état, opprimé par les Grands & mépriſé par toutes les con-

ditions qui se croient supérieures à lui, détes-
ter son sort, & chercher à s'y soustraire. Il
l'abandonne, & souvent préfère d'être do-
mestique, artisan, ou petit Marchand dans
les Villes, comptant, par ce changement,
éviter les maux dont il voit ses semblables
accablés. C'est ce renversement dans l'ordre des choses, qui accélére sa ruine & la
nôtre.

Nos Loix, principalement les féodales &
les bursales, mettent tout le poids des impôts & des charges sur le misérable Cultivateur & sur l'Artisan, qui fournissent sans
cesse à nos besoins, tandis qu'elles en exemp-
tent le Riche & l'homme accrédité, qui devroient en supporter le plus. Comment espérer
que l'Etat se soutienne, si cette oppression,
qui ne fait qu'augmenter tous les jours, con-
tinue de la sorte ? C'est ainsi que tous les
grands Empires, qui ont existé avant nous,
& dont l'Histoire nous a conservé les événemens, se sont conduits, & peu à peu se
sont détruits. Ces révolutions, sans doute,
étoient nécessaires, & se trouvoient dans l'ordre de la Providence.

On ne peut se dissimuler que nous sommes
menacés de semblables malheurs. Mais, il y
a des moyens infaillibles de pouvoir les éloi-
gner encore pendant quelques siécles, si l'on
veut en faire usage ; & ces moyens sont, en
général, de soulager les malheureux de l'oppression accablante où ils gémissent. Le Ciel
semble nous y inviter & nous y favoriser, en
nous donnant un Prince qui ne desire que le
bien de l'humanité. Hâtons-nous de seconder

ses intentions bienfaisantes, en lui présentant les principaux de ces moyens.

Une chose dont le peuple a généralement besoin pour l'assaisonnement de ses alimens, c'est le Sel. L'usage en est également nécessaire au riche comme au pauvre ; & c'est une denrée qui, par sa nature, doit coûter fort peu. L'eau de la mer le fournit, la maniere de l'en extraire est facile, & son transport, pour le faire distribuer dans toutes les Provinces du Royaume, par les rivieres & les canaux, n'est pas des plus dispendieux, si l'on profite des temps & saisons favorables. Par un examen réfléchi, mais qui seroit dans ce Mémoire d'un trop long détail, l'Auteur a trouvé, & prouvera, quand on le voudra, que, par le moyen d'une nouvelle régie, on peut livrer dans toute la France, loin comme près de la mer, le sel à trois sols la livre, & que le Roi en retireroit encore plus de 40 millions par an, tous frais déduits ; ce qui, sans doute, lui produiroit plus que ne lui en donnent les Fermiers actuels.

Ce seroit aussi certainement un grand avantage pour le bas Peuple, qui est hors d'état de payer le sel au prix où il est aujourd'hui. Son travail ne lui produisant pas de quoi avoir sa subsistance, par la cherté excessive où sont toutes les denrées, il ne peut encore assaisonner les alimens les plus grossiers & les plus insipides, dont il est forcé de se nourrir lui & sa famille. Quelle douceur pour lui, s'il pouvoit avoir un peu de sel, qui lui rendît ses alimens plus supportables, & quelle reconnoissance n'en auroit-il pas envers le

Souverain, qui lui procureroit cet agrément!

Une autre chose devenue indispensable à la majeure partie du Peuple, par le fréquent usage qui lui en a fait insensiblement une nécessité, c'est le Tabac, sur lequel on pourroit procurer le même soulagement, par une nouvelle méthode de régir cet impôt. Le Peuple le payeroit moitié moins, & le Roi en retireroit infiniment plus qu'il n'en retire. On ne verroit plus, par rapport à ces deux objets, tant de gens entreprendre témérairement la fraude des droits & la contrebande, en y risquant leur fortune & leur vie même.

Mais, si l'on accordoit au Peuple un troisieme moyen de soulagement, qui seroit de supprimer tous les droits d'entrée & de sortie de Province à Province & dans les Villes; ce seroit pour le Commerce & pour le Peuple cultivateur le plus grand bien qu'on puisse jamais lui faire. Et quel avantage considérable n'en résulteroit-il pas encore de pouvoir débarrasser l'Etat de cette foule prodigieuse de Gardes & de Commis, qui consomment la plus grande partie de la recette, & qui deviendroient alors inutiles. On éviteroit par-là un embarras & une dépense immense; la liberté & la tranquillité publique n'en seroient plus troublées, & les progrès de l'Agriculture & du Commerce n'en seroient plus arrêtés.

Ces trois principaux objets, que l'Auteur a traité par détail dans un Mémoire prêt à être présenté au Ministere, lorsqu'il le desirera, donneroient au Roi un revenu sûr & réel de plus de 130 millions tous les ans; ce qui soulageroit les Peuples de plus de 200 millions

qu'ils payent en sus de ce que le Roi en retire actuellement. C'est ce que le détail, trop long pour
être inséré ici, fera connoître d'une maniere clai-
re & établie par des faits, qui détruiront tous
les doutes. Nous sommes sous un Regne, où il
est permis de dire la vérité ; c'est même un
crime de la taire, lorsque le bien de l'Etat
& la gloire du Souverain y sont intéressés.
En me conduisant ainsi, je ne crains point
d'être blâmé. Je ne ferai donc pas difficulté
de m'étendre encore ici sur quelques parties
essentielles des moyens propres à augmenter
considérablement les richesses de la Nation.

Une multitude d'Ecrits sur cette matiere
ont, depuis quelques années, occupé nos pres-
ses, & fatigué nos Lecteurs oisifs, sans avoir
procuré le moindre changement à la situation
des affaires publiques. Jamais l'Agriculture &
les Arts ne sortiront de leur état de langueur,
si le Gouvernement ne s'y intéresse véritable-
ment, pour animer & encourager les Cultivateurs & les Artistes. Il faut quelque chose
de plus que des Livres & des Académies ou
Sociétés de Spéculateurs sans pratique : ce
sont les expériences faites en grand dans les
Provinces, & non dans des jardins, qui font
effet sur les Cultivateurs. Ce ne sera que par
des preuves évidentes du succès dans leur
genre, qu'ils se tireront de l'engourdissement
où les retient, soit le défaut de moyens pour
entreprendre un nouveau travail, soit la crainte de n'y pas réussir. Si l'on met en pratique
le Plan que je vais proposer, il sera, j'ose le
dire, très-propre à opérer ce grand changement.

C'eſt une maxime indubitable que toute bonne culture dépend de l'intelligence du Laboureur, & que ce qui y contribue le plus, eſt la quantité qu'on peut entretenir de beſtiaux propres au labourage : ce ſont eux, ſoit chevaux, ſoit bœufs & autres, qui font le travail & l'amélioration des champs , par tous les ouvrages auxquels on les emploie, & par les fumiers qu'ils produiſent. Mais, pour nourrir tous les beſtiaux néceſſaires à un bien de campagne , afin d'en mettre les terres ſouvent arides & détériorées dans un état de bon rapport, il faudroit avoir ſix fois plus de fourrages que n'en ont communément les Fermiers & Métayers, & que la nature de leur terrein ne leur permet d'avoir. Comment donc ſe procurer ces fourrages ?

Ce ne peut être que par le moyen des eaux de ſources, de ruiſſeaux & de rivieres; car les prairies artificielles ſont de peu de valeur dans un pays ſec & chaud, ſans des arroſemens abondans. L'expérience ſur cela a bien déſabuſé des perſonnes, qui ont trop crédulement ſuivi les idées de quelques Auteurs peu expérimentés. Sans le ſecours des eaux employées & diſtribuées à propos, on ne peut ſe flatter de réuſſir avec avantage dans ces ſortes de prairies.

Mais, pour avoir l'eau dont on auroit beſoin, tout y eſt contraire. Chaque Propriétaire eſt jaloux de celle qui eſt en ſa poſſeſſion, & la refuſe à ſon voiſin, s'il peut l'en priver. Ceux qui ont des prairies ne voudroient pas que d'autres en puſſent faire de nouvelles, de crainte que leur revenu n'en

diminuât. Ceux qui ont des Moulins détour-
nent tant qu'ils peuvent les eaux des prés des
particuliers, pour les faire venir à leurs Moulins. Enfin, les Voituriers par eau s'oppose-
ront à ce que l'on fasse des saignées, qui dé-
tournent une partie des eaux des rivieres, pour
arroser les plaines; ils diront que la navigation en sera ralentie ou même interrompue.

Qui pourra donc vaincre de si grands obstacles, & parer à tant d'inconvéniens, capables de rebuter d'une entreprise, qu'on sent
d'ailleurs devoir être si avantageuse pour l'humanité ? On ne sache pas qu'on ait encore
proposé aucun moyen pour en venir à bout;
c'est pourquoi l'Auteur va hazarder ici ses
idées sur cela, dans la confiance où il est
que le Ministere actuel, qui s'occupe du bonheur du Peuple, applaudira du moins à son
zele, & adoptera peut-être ses moyens, s'il
les présente sous un point de vue, où l'on
puisse voir clairement l'utilité du projet, &
la possibilité de l'exécution.

Pour premier essai de cette entreprise, l'Auteur proposera le cours d'une petite riviere,
dont le local lui est connu, parce que c'est
son pays natal. Cette riviere est le Drot, qui
prend sa source à Montpensier en Périgord,
& va se jette dans la Garonne à Gironde.
Elle parcourt une étendue de pays de 14 à
15 lieues en longueur, dans une plaine excellente pour y pouvoir faire des prairies
artificielles, par le moyen des irrigations des
eaux de cette riviere, qui n'est ni navigable,
ni même flottable, à cause des Moulins qui
sont construits dessus, & qui sont d'une né-

cessité indispensable pour la moûture des grains du pays. La largeur de cette plaine peut être, au moins, de six à sept cens toises ; & on y pourra faire arroser plus de vingt mille arpens, dans un climat tempéré, où les arrosemens deviendront très-fructueux, en se servant des eaux de cette riviere, qui sont très-limoneuses.

Les prés naturels qui sont sur ses bords ne s'arrosent jamais que quand elle déborde, & dans les temps de pluie ; ce qui fait qu'il y en a peu, & qu'ils sont généralement mauvais. Cependant tout le pays qui avoisine cette riviere seroit d'un grand rapport en grains, s'il y avoit une plus grande quantité de fourrages pour y élever & nourrir un plus grand nombre de bêtes à cornes. Ces animaux par eux-mêmes donneroient un grand produit, ils cultiveroient & amélioreroient les terres, qui rendroient par leurs productions le triple du revenu actuel. Il y a une étendue de terrein sur la droite & sur la gauche de cette plaine, qui ne reçoit qu'une culture imparfaite, faute d'y avoir de la nourriture pour le bétail. S'il y en avoit abondamment dans le pays, & qu'on pût avoir le foin à raison de quinze liv. seulement le millier pesant, les Colons viendroient volontiers en chercher.

Les particuliers qui sont dans le cas d'avoir de mauvais prés ou de mauvais pâturages, les défricheroient pour les changer de nature & les convertir en grains, dont la valeur leur fourniroit de quoi acheter dans la plaine des foins, qu'ils y trouveroient à meilleur marché. Ils auroient de plus les pailles provenant de ces nouvelles terres, qui leur serviroient à aug-

menter les fumiers si nécessaires pour augmenter le produit des récoltes, qui, avec celui
des bestiaux, enrichiroit dans peu tout le pays.
Vingt mille arpens de nouveaux prés seroient
en état de nourrir quarante mille têtes de
bêtes à cornes qui fourniroient à l'approvi-
sionnement de Bordeaux & même de Paris,
par le moyen des Marchands Limosins qui
viennent les acheter pour les engraisser dans
leur pays, & les mener ensuite à Poissy.

Cette idée est grande, sans doute, si elle
étoit mise en pratique dans la plupart des
Provinces du Royaume. Mais elle offre une
foule d'obstacles & de contradictions, que l'on
va tâcher de dissiper, en proposant

1°. De faire à tous les Seigneurs & autres
Propriétaires des Moulins, une rente annuelle
& perpétuelle en grain, équivalente à ce qu'ils
en retirent dans l'état actuel des choses. Par
ce moyen, ils se trouveroient débarrassés des
grosses réparations qui y sont toujours con-
sidérables, & n'auroient plus à craindre l'in-
solvabilité de leurs Fermiers, parce que toute
l'entreprise assureroit leurs rentes, & ce parti
leur seroit très-avantageux.

Comme la plupart de ces Moulins se trouvent
mal placés, ils seroient tout-à-fait nuisibles au
projet d'arrosemens; d'ailleurs, ils deviennent
insuffisans pour fournir à la moûture des grains
du pays, dans les temps de sécheresse & de
disette d'eau. Au lieu qu'en élevant, par le
moyen des canaux d'irrigation, les eaux sur
les côteaux, les moulins qui seroient construits sur ces canaux auroient huit fois plus de
chûte, & il faudroit huit fois moins d'eau pour

les

les mettre en mouvement. Les canaux serviroient encore à la navigation, pour tirer les
bois, les vins & autres denrées du pays, qu'on
pourroit faire voiturer par terre dans les Villes & les plaines voisines, où le débit en seroit
avantageux.

2°. D'ordonner à tous les Propriétaires qui
se trouvent avoir des fonds dans la plaine
destinée aux prairies, en exceptant les jardins
& les chénevieres, de les convertir en prés,
pour être arrosés par les eaux qu'on tireroit
des canaux. Comme le produit de ces prés
seroit infiniment supérieur à celui de toute
autre denrée, le revenu de ces fonds se trouveroit plus que triplé.

Mais, pour dédommager les Entrepreneurs
des canaux & des rigolles d'irrigation, il seroit ordonné que l'augmentation du produit
que ces terres converties en prés, au moyen
des arrosemens, rapporteroient au-delà du revenu auquel la terre auroit été évaluée, seroit partagée entre le Propriétaire du fonds &
les Entrepreneurs ; de maniere que si l'arpent
de pré produisoit en foin, comme il n'est pas
douteux, 60 liv. de plus que par la culture
actuelle, les Entrepreneurs auroient 30 liv.
pour leur part dans ce bénéfice : si mieux n'ai-
moient les Propriétaires partager le foin en
nature dans le pré, après avoir été fauché en
fenille. On en formeroit alors trois tas ou
meules, dont le Propriétaire auroit deux, tant
pour le produit actuel de son fonds, que pour
l'augmentation qui y seroit survenue, & les
Entrepreneurs auroient la troisieme part.

Après la premiere herbe fauchée, le regain

& le pâturage appartiendroient encore au Propriétaire, pour le remplir des frais de fauchaison, s'il les avoit faits, & du foin qu'il auroit pris de faire arrofer les prés avec les eaux des canaux fupérieurs, ce qui néanmoins feroit laiffé à fa volonté; mais, dès qu'il y verroit un bénéfice confidérable, il ne fe refuferoit jamais à ce marché.

Il eft affez rare que le meilleur fonds mis en feigle & même en froment, lorfqu'on en déduit le coût de la fémence, les frais de culture & ceux de la moiffon, les récoltes ne fe faifant qu'une fois en deux ans, produife chaque année 20 liv. par arpent de mille toifes quarrées. Quand on a prélevé toutes les dépenfes, il en refte bien peu à celui qui ne cultive pas fon bien lui-même. Mais, qu'il y ait dans un arpent de cette étendue fix milliers pefant de foin, à raifon de 15 liv. le millier, ce fera 90 liv. tous les ans. Sur quoi on retranchera 20 liv. pour le produit naturel du fonds. Il reftera 70 liv. d'augmentation fur ce fonds, qui feront à partager entre le Propriétaire & les Entrepreneurs. Ce qui fera 55 liv. par an pour le Propriétaire de cet arpent, qui, auparavant lui produifoit à peine 20 liv.

On peut faire fur le cours de la riviere du Drot, où l'on propofe d'effayer l'entreprife, dix mille arpens de prés de cette nature, & dix mille autres de luzernes ou trefles, qui fe fauchent dans ce pays quatre ou cinq fois par an. Si l'on fait arrofer feulement une fois en huit jours ces prés artificiels, il eft certain qu'ils produiront le double, c'eft-à-dire, 180

liv. par arpent ; par conséquent ce feroit comme s'il y avoit quarante mille arpens de près
de la premiere nature, à 70 liv. d'augmentation par arpent ; ce qui feroit deux millions
huit cens mille livres de nouvelles richeffes
pour ce petit canton. Et ces richeffes pourroient être triplées, en faifant confommer ces
fourrages dans le pays, pour y nourrir & élever
des beftiaux, qui cultiveroient, amélioreroient
à plus de deux lieues de droite & de gauche
des terreins auxquels il ne manque que la culture & l'amélioration.

Si les Propriétaires vouloient s'exempter
de cette efpece de fervitude, de partager fur
le champ même l'augmentation de fon produit,
il leur feroit libre de s'en racheter, en donnant
le capital de la moitié de cette augmentation
une fois payé fur le pied du denier dix huit.
C'eft-à-dire que, fi l'amélioration que le fonds
d'un Propriétaire aura reçue , peut donner
année commune 30 liv. pour fa part, & autant
pour celle des Entrepreneurs, par arpent de
1000 toifes quarrées, ce Propriétaire payera
une fomme de 540 liv. pour recueillir feul
tout le produit, fans le partager, & jouir toujours de la même quantité d'eau fur fon fonds.

Il feroit de l'avantage de l'Etat que perfonne
n'eût rien à percevoir fur les biens fonds ;
qu'il n'y eût que le Roi qui eût le droit d'exiger pour tout impôt fur les biens de chaque
Cultivateur une portion fixe de fon revenu,
comme cela fe pratique dans tous les Royau-
mes de l'Afie, telle que feroit une dîme de
14 ou 15, un pris toutes les années fur les
productions quelconques du territoire d'une

Paroisse. Mais il faudroit aussi que cette dîme
une fois fixée à une somme dans chaque Généralité & dans chaque Paroisse fut levée par
les habitans des Paroisses mêmes qui en seroient
tenus solidairement, & en seroient le payement par leurs mains au receveur de leur Généralité. Par ce moyen, l'impôt territorial ne
causeroit aucuns troubles ni aucuns frais dans
sa perception ; & le riche comme le pauvre
payeroient leur tribut au Roi en proportion
exacte de leurs revenus. L'Auteur a traité cet
article d'une maniere particuliere, & il le com-
muniquera au Ministere, s'il paroît le desirer.

Pour revenir à l'objet actuel du projet d'a-
mélioration, il est facile de concevoir que
l'eau de la riviere du Drot seroit conduite par
des canaux d'irrigation au niveau, & qu'on
l'éléveroit autant qu'on le pourroit, pour em-
brasser à droit & à gauche le plus de terrein
qu'il seroit possible. Il y auroit un de ces canaux qui seroit destiné à la navigation, pour
le transport des denrées qui se feroit, par son
moyen, jusques à la Garonne.

Les eaux de ces canaux ainsi élevées, on
feroit en état de construire de nouveaux
Moulins, qui, ayant six fois plus de chûte
que les anciens, n'useroient que la sixieme
partie de l'eau qu'ils consomment aujurd'hui.
Il y auroit de l'eau de reste pour fournir à
tous dans les temps des plus grandes séche-
resses, parce qu'elle se trouveroit mieux mé-
nagée. Le canal & les nouveaux Moulins étant
à la charge des Entrepreneurs qui payeroient
la rente aux Propriétaires des anciens Moulins détruits, ces Entrepreneurs auroient en

toute propriété la pêche de leurs canaux & les autres revenus provenans de la navigation, parce qu'ils auroient acheté le terrein où tous ces canaux & ces rigolles passeroient, en payant ces fonds un tiers en sus de leur juste valeur.

Ces fonds de terre devenant ainsi d'un grand produit, par les irrigations, par l'amélioration, & par une culture plus aisée, comme il résulteroit infailliblement de ce projet, les Seigneurs de fiefs y trouveroient un profit considérable par l'augmentation qui se feroit de leurs droits dans les ventes & autres mutations de ces fonds, proportionnément à l'augmentation de leur valeur. Quant à l'État, il retire toujours un profit certain, lorsque le Peuple peut améliorer ses fonds, & rendre sa condition plus avantageuse. La Population, le Commerce, tout s'en ressent, tout reprend vigueur, & les deniers royaux en sont mieux payés.

Il n'y a réellement que ce moyen, qui puisse faire revenir l'abondance dans les Provinces, en rétablissant la nature des terres qui se dégrade tous les jours, & l'espece des hommes qui dégénère sensiblement. De cette abondance, il s'ensuivroit un grand encouragement dans les Arts & les Manufactures, & tout le monde profiteroit de cette fertilité générale.

Mais, qui sera le premier à mettre des fonds dans une affaire si peu connue & si peu à portée de ceux qui ont l'argent ? Ce ne seront pas les Financiers, qui ne connoissent point ces sortes d'emplois ; ce ne sera pas la Noblesse, qui, pour la plus grande partie, est toujours dépourvue d'argent : ce sera encore moins le Bourgeois-Marchand, qui met son argent dans le Commerce, & qui fait son séjour dans les grandes Villes, où il est occupé d'autres choses. Ceux qui habitent la campagne, & qui peuvent avoir quelqu'argent, ne cherchent qu'à y augmenter leurs domaines, & sont à l'affût des terres que de misérables familles sont forcées de vendre, pour payer leurs dettes, ou se sustenter. Cependant, il faudroit quelques fonds, pour essayer une entreprise de cette importance, la mettre dans tout son jour, & engager par-là le Public à s'y intéresser.

Il n'y a que le Gouvernement qui soit dans le cas de faire un semblable essai, & de donner à ce Projet une évidence, qui en mette la réussite hors de tout doute. Il ne faudroit au plus que cinq à six cens mille livres, pour l'exécuter d'abord sur trois lieues de longueur seulement, dans le Canton que nous avons proposé, en commençant par Gironde, & remontant du côté de Montségur & de Duras. Le Roi retireroit dix pour cent de ces premiers déboursés sur le produit de l'Entreprise, quatre ans après que les ouvrages auroient été commencés, & les prairies mises en valeur.

Il faudroit ordonner, par l'Edit de cet Etablissement, que ceux qui voudroient y placer des fonds, recevroient, sur les revenus qui en proviendroient, dix pour cent de leurs capitaux à perpétuité, par forme de rente, qui seroit remboursable sur le pied du denier trente-six du capital qui auroit été fourni : c'est-à-dire, que le remboursement d'une action de 2000 liv. seroit de la somme de 3600 livres ; & pendant tout le temps que ces fonds seroient dans l'Entreprise, & qu'on en paieroit la rente au denier dix, le Roi s'engageroit à ne jamais prendre sur ces rentes aucune taxe ni retenue quelconque.

Rien ne donneroit plus d'émulation à toutes les Provinces du Royaume qu'un pareil essai fait avec tant d'avantages. Les Pays d'Etats s'efforceroient d'exécuter la même entreprise par-tout où elle seroit praticable chez eux : les autres Provinces à l'envi employeroient le même moyen pour augmenter leurs richesses ; & ce moyen d'ailleurs seroit d'une grande ressource pour le bas Peuple, qui seroit occupé aux excavations des canaux & rigoles, à la construction des nouveaux Moulins, & aux Ecluses nécessaires pour la descente & la remonte des bateaux.

Tous ces travaux, qui tendent au soulagement & au bien-être de la Nation, seroient infiniment plus utiles que tous ces magnifiques bâtimens que l'opulence éleve tous les jours dans les Villes, & qui, par leur faste excessif, entraîneront avec eux la Nation dans leur chûte : au lieu que les ouvrages que l'on propose ici, répandroient par-tout une fertilité & une aisance au-dessus de toute expression. Le transport des denrées jusques aux grandes rivieres seroit facile par la navigation des nouveaux canaux ; la remonte des sels coûteroit peu ; tout le Royaume acquerroit une aisance dans les vivres, & dans le Commerce, qui éleveroit la Nation au plus haut degré de richesses & de puissance.

C'est alors qu'on n'auroit plus à craindre que le faste de nos Villes devînt nuisible à nos campagnes, qui seroient, pour ainsi dire, vivantes par elles-mêmes, &, par-là, à l'abri de la misere, ainsi que de la contagion des mœurs vicieuses, qui se glisse toujours où la misere accable les hommes. Le Peuple ne se ressentant plus des maux où il languissoit, l'espece, qui en a si fort dégénéré, se releveroit, & l'on ne craindroit plus de se reproduire. Les terreins les plus arides seroient mis en valeur, par le moyen des foins qu'on y transporteroit pour y élever du bétail, qui cultiveroit & amélioreroit les fonds les plus ingrats.

La navigation de tous ces divers cantons d'irrigation donneroit de la valeur aux bois, qui se détruisent tous les jours par les bestiaux qu'on est forcé d'y laisser paître ; ce qui n'arriveroit pas, si l'on avoit de quoi les nourrir abondamment. Les particuliers voyant les bois devenir une marchandise de prix, les conserveroient, les feroient cultiver, & en éleveroient même de nouveaux dans les endroits où la culture des grains ne seroit pas si favorable ; parce que les Villes & les Pays habités sur les grandes rivieres en consommeroient beaucoup.

C'est de cette maniere qu'une Nation, qui a le bonheur d'être secondée par le Souve-

rain, qui en est le pere, se releve bientôt
de son abattement, & profpère d'une façon
à faire honneur au Gouvernement qui ne néglige rien pour l'encourager. Il ne s'agit que
de mettre la main à l'œuvre, pour exécuter
le plan que l'on vient de propofer. Il eſt d'une
évidence certaine que c'eſt l'eau de nos rivieres & de nos ruiſſeaux qui peuvent augmenter nos prairies en France, fans caufer
le moindre préjudice à la navigation & aux
moulins, fuivant les moyens ci-deſſus. Il eſt
de même démontré que ce font les prairies
qui fervent à la nourriture du bétail de toute
efpece; que ce bétail fait la richeſſe du Laboureur; qu'il augmente l'abondance des grains
& des autres productions néceſſaires à la vie
de l'homme, en même temps qu'il fait fa nourriture & fournit à tous fes autres befoins par
les Fabriques & le Commerce. Si l'on perd
ce principe de vue, l'Auteur foutient, avec
la plus grande douleur, que tout eſt perdu.

Si ce projet eſt goûté & agréé du Gouvernement, on s'étendra davantage fur la maniere de faire ces fortes d'irrigations, avec
des détails eſſentiels pour diſtribuer avec art
les eaux fur les terreins qui feront deſtinés
aux prairies : car, fans ces moyens bien expliqués & mis en pratique, pour inſtruire
ceux qui feront chargés de la conduite de ces
entreprifes, les ouvrages pourroient être man-
qués ou devenir infructueux. Il faudroit même
établir comme une Ecole, où les perfonnes
qui fe deſtineroient à remplir cet objet, puſ-
fent en faire une efpece d'apprentiſſage. C'eſt

pourquoi l'Auteur propofe dans un Mémoire ci-joint, un projet d'Etabliſſement à la Porte de Paris, qui, en augmentant la beauté & la commodité de cette Capitale, rendra encore ce ſervice au Public.

ESSAI

SUR

LA THÉORIE ET LA PRATIQUE

DU

COMMERCE DES GRAINS

EN FRANCE,

Avec les moyens les plus propres à remédier
aux abus & aux inconvéniens,

Par M. DE *G**.*

AVERTISSEMENT.

LE Gouvernement, qui s'occupe de l'ordre & de la police dans le Commerce des Grains, comme étant la bafe de tout autre Commerce, ne dédaigne pas les Obfervations que peuvent lui faire des Citoyens zélés pour le bien de la Patrie. C'eft ce qui engage l'Auteur de cet Effai à prendre la liberté de lui préfenter avec confiance des idées neuves fur cet objet, qu'une expérience de plus de trente années lui ont fournies, pour concilier, autant qu'il eft poffible, les intérêts du Cultivateur, du Fabricant, & du Commerçant, de qui émanent nos richeffes & la puiffance de l'Etat.

L'Auteur n'a pas la préfomption de croire que le Miniftere ait befoin de fes lumieres fur ce fujet ; il fait quelle eft fa fagacité & fon zele à feconder

les inclinations bienfaiſantes du Souverain. Il ne donne cette eſpece de cro-
quis, que parce qu'il le croit relatif aux
vues préſentes du Gouvernement , &
par le deſir de lui être de quelqu'utilité,
s'il le juge digne de ſon attention.

ESSAI

SUR

LA THÉORIE ET LA PRATIQUE

DU

COMMERCE DES GRAINS

EN FRANCE.

Observations sur le Commerce des Grains.

IL paroît tous les jours un grand nombre d'Ecrits sur le Commerce des Grains ; mais on n'en voit point qui nous indique les véritables moyens de remédier aux abus , qui causent tant de désordres aujourd'hui dans le Royaume. La plûpart de ces Auteurs détaillent assez bien le principe du vice ; mais quand il en faut venir au remede, leur embarras est des plus grands.

En effet, quelques mesures que le Gouvernement voulût prendre , d'après les divers systêmes qui lui ont été proposés , il n'en trouvera aucunes qui puissent convenir absolument à la France. Les permissions ou les prohibitions momentanées ou perpétuelles que le Ministere pourroit ordonner dans ce Commerce, ne feront jamais des moyens suffisans pour établir & conserver l'ordre qui doit regner dans le débit des Grains entre le Cultivateur & celui qui les achete pour sa subsistance.

On convient que si la France étoit comme la Hollande ou comme l'Isle de Malte, qui ne produisent point de Grains, & où l'on est obligé de les tirer d'autres pays, il seroit plus facile de tenir une balance toujours juste dans le prix de cette denrée, parce qu'on l'acheteroit de l'Etranger qui la donneroit au meilleur marché. Mais, chez un Peuple cultivateur, qui occupe un sol aussi étendu & aussi peuplé que l'est celui de la France, & où il y a tant de personnes qui mettent leur intérêt à tromper le Ministere & le Public dans cette partie, il arrivera toujours que le Commerce de la Nation sera languissant, ainsi que sa Culture & sa Population, tant qu'on n'employera pas des moyens plus convenables.

Pour s'en convaincre, qu'on entre un peu dans l'examen de ceux dont on s'est servi jusqu'à présent, on verra combien ils se sont éloignés du tempérament qui pourroit concilier tous les intérêts divers, & empêcher les mauvais effets de leurs contrariétés.

Par exemple : s'il arrive en France une année d'abondante récolte, & que le Gouvernement en soit bien instruit, sans exagération, (ce qui est rare), il permettra sans doute l'exportation ou la sortie des Grains hors du Royaume,

Royaume, fuivant le vœu des gros Banquiers & autres gens riches. Ces perfonnes s'intéreſſeront alors à faire les plus grands enlévemens qu'il leur fera poſſible pour l'Etranger, & de cette façon, on privera le corps national de fon néceſſaire même.

Car, le Marchand fpéculatif, qui a des relations dans tous les climats par fes correfpondans, prévoit plus sûrement & avec plus de précifion les événemens, que ne fait le Cultivateur, qui fe borne à l'objet de fon état. Si ce dernier vient de recueillir une bonne année, il fera facile de lui perfuader de fe défaire de tout le Grain qu'il aura de fuperflu à fon ufage, fi on lui en offre un prix raifonnable.

Que rifquent alors les Marchands intelligens, à qui les fonds ne manquent pas, d'arrher tous les Grains d'une Province? Ils feront bientôt maîtres, s'ils le veulent, de tous les Grains du Royaume, avant qu'on s'en foit même apperçu. Ils n'ont qu'à payer comptant le quart qu'ils enleveront pour le faire paſſer à l'Etranger, & de l'argent qu'ils en retireront enlever la moitié du reftant, qu'ils tiendront à haut prix dans les marchés. Il mettront ainfi la cherté fur les Grains, à tel dégré qu'ils voudront, au milieu de l'année la plus abondante, & peut-être fans être défapprouvés.

Mais qu'arrivera-t-il delà? C'eft que ni le Cultivateur, ni le Confommateur qui ordinairement vit au jour le jour, n'auront point profité de la faveur de l'abondance. Elle n'aura fervi qu'à enrichir le Marchand & ceux qui lui auront fait les avances des fonds, ou qui l'auront appuyé de leur crédit. Cela est bien clair, & il ne peut y avoir aucun doute sur l'événement de cette hypothèse. La malheureuse expérience que nous en faisons depuis plusieurs années, en est une preuve trop convaincante.

Si à la suite d'une année abondante, il en vient une qui ne soit que suffisante à la nourriture du Peuple, le Marchand toujours attentif à ses intérêts, s'empressera d'acheter les Grains à vendre chez les Fermiers & autres Cultivateurs. Il en fera même vendre à bas prix aux marchés, afin d'avilir ceux qu'on vient de recueillir jusqu'à ce que toutes ses emplettes soient faites; & quand il aura tout enlevé, la cherté deviendra à un excès qui mettra le Peuple dans la désolation, parce qu'il ne pourra pas se procurer du Grain à ce prix, pour sa nourriture, ses facultés étant déja épuisées par les années précédentes, & son travail n'y pouvant pas suffire. Il faudra qu'il périsse, ou que le désespoir le porte à quelques extrêmités.

Si la récolte, loin d'être suffisante pour la nourriture du Peuple, venoit à manquer d'un quart, d'une moitié, ou même tout-à-fait, ce feroit alors le comble du malheur, & que le Royaume se trouveroit dans la plus grande crise. Comment est-il possible qu'on ne prévoye pas de pareils maux!

On estime communément que, depuis la derniere paix, la France nourrit plus de 25 millions d'habitans. D'habiles calculateurs trouvent, d'après l'expérience, qu'il faut à chaque individu, pauvre ou riche, petit ou

grand ,en les prenant tous enfemble , fept
quarterons de pain par jour pour fa nourriture , fans y comprendre celle des animaux
qui mangent du pain avec nous , & fans par-
ler des graines farineufes ou légumes , dont
fe nourriffent les peuples de la campagne
& autres gens de peine , qui , fans cela , con-
fommeroient chacun plus de trois livres de
pain par jour.

Que le fetier de bled , froment ou feigle ,
après en avoir retranché le gros fon & le
gruau , ne produife que 220 livres de pain ,
foit pain fin , foit gros pain , il faudra du fort
au foible 660 liv. de pain ou trois fetiers de
bled par année pour chaque perfonne , fans
compter les Grains qui s'emploient encore à
d'autres ufages. Ainfi , pour la nourriture des
habitans du Royaume , il eft néceffaire qu'il
y ait en France 75 millions de fetiers de
Grain tous les ans en froment & feigle à pouvoir être confommés.

S'il y en a une plus grande quantité dans les
années abondantes , il y aura alors du fuperflu.
Mais , fi l'année vient à manquer du quart
ou du tiers , les femences déduites , il faudra
retirer de l'Etranger 25 millions ou plus de
fetiers de Grain , qu'on lui aura donné de fon
fuperflu. Comme on ne fait jamais précifé-
ment ce qu'on recueille , on ne peut favoir
non plus ce qu'on a de trop ni ce qui peut
manquer. Tout cela fe regle fuivant que la
denrée a plus ou moins de cours chez les Etrangers. Ainfi , on en fait toujours fortir du Royaume au-delà de ce qu'il faut , & l'on occafionne
parlà la difette , malgré les récoltes avanta-

geuses & la bonne intention du Ministere.

Comme il n'y a guères que le tiers des habitans du Royaume qui soit dans le cas de recueillir du Grain & d'en avoir la provision pour son usage, il arrive que les deux autres tiers sont obligés d'en acheter pour leur nécessaire. Peu sont en état ou dans l'habitude de s'en approvisionner pour l'année entiere ; en sorte qu'ils ne vivent à cet égard, comme on l'a dit, qu'au jour le jour. On peut donc compter hardiment que, toutes les années, soit abondantes, soit disetteuses, il passe plus de 50 millions de setiers de Grain par les mains des Marchands qui achetent pour revendre.

Il leur est toujours assez ordinaire, comme à tous Marchands, d'acheter à plus bas prix qu'ils ne revendent, sans y comprendre les faux frais ni les déchecs, & il est certain qu'étant favorisés & appuyés dans leur commerce, ils sont plus sûrs dans leurs combinaisons. On seroit trop heureux qu'ayant acheté le Grain 24 liv. le setier, ils ne le revendissent que 30 liv. & qu'ils se contentassent de 6 liv. de bénéfice ; quoiqu'ils n'aient avancé que le quart du prix dans l'achat qu'ils en ont fait en gros chez les Fermiers

C'est pourtant, si l'on y fait attention, un gain de cent pour cent, où sur 50 millions de setiers, ils font un bénéfice de 250 millions de livres, les frais déduits. S'ils ne le font pas, ils ne savent pas leur métier, & s'ils le font, tout le monde criera avec raison, comme s'ils prenoient l'argent dans la poche du Cultivateur & du Consommateur.

Voilà, en peu de mots, ce que cause & ce que causera toujours en France la liberté indéfinie de faire le commerce des Grains, & de pouvoir les acheter chez les Fermiers ou dans les greniers à volonté. Outre que le déplacement de cette denrée, soit qu'on la voiture par terre ou par eau dans le Royaume, ou hors du Royaume en la faisant venir de l'Etranger, l'expose aux intempéries de l'air, & à l'humidité des mers & des rivieres ; ce qui lui fait contracter un mauvais goût, & souvent la gâte au point qu'elle cause au Peuple des maladies dangereuses & quelquefois mortelles.

Si, d'un autre côté, l'on défend absolument l'exportation des Grains hors du Royaume, comme plusieurs le demandent, on tombera dans une extrêmité peut-être plus funeste.

Que l'exportation, par exemple, soit défendue dans une année d'abondance ; le Marchand sachant que l'esprit du Gouvernement aura totalement changé, & voyant que le sort de son commerce ne dépend plus de lui ni de ses correspondans, ne hazardera pas de faire des emplettes. Le Fermier ne pouvant trouver à vendre son Grain qu'à bas prix, parce qu'il y en aura quantité par-tout, ne pourra faire l'argent qui lui est nécessaire pour acquitter ses charges & continuer ses travaux : il sera forcé de négliger sa culture.

Le Peuple vivant alors dans l'abondance, après avoir été dans la misere, ne voudra plus travailler, qu'on ne lui donne de gros salaires. Furieux, quand il est dans l'oppression, il devient insolent quand il est dans la prospérité ; il se livre à la fainéantise & à la débauche.

Ce désœuvrement général fera cesser les travaux de la campagne & ceux des fabriques; ce qui occasionnera, pour les années suivantes, une disette de toutes choses, & plongera l'Etat dans une nouvelle misere, dans un désordre d'autant plus sensible, qu'en sortant d'une situation aifée, on se trouvera tomber dans les horreurs de la famine, parce qu'on aura négligé les moyens de la prévenir. On a vu plus d'une fois de semblables révolutions.

Il faudra alors faire venir à la hâte & à grands frais des Grains de l'Etranger, & confommer en gratifications les tréfors du Souverain; ce qui fera fortir l'argent du Royaume, & épuifera nos principales reffources. Les Grains, d'ailleurs, ne font pas tout prêts fur nos frontieres ou fur nos côtes. Avant qu'on les ait été chercher, qu'on leur ait fait traverfer les mers, & remonter les rivieres, qu'on les ait difperfés par-tout où le befoin en eft urgent, le peuple aura tout le temps de périr de mifere.

Les Fermiers ainfi que les Propriétaires des fonds de culture & de commerce, n'en feront pas moins malheureux, puifqu'ils ne pourront retirer de leurs fonds de quoi s'acquitter de leurs impôts envers le Roi, du prix de leurs baux, ou de leurs loyers, des gages de leurs ouvriers & domeftiques, de l'entretien de leur famille, & d'une infinité d'autres chofes indifpenfables dans leur état. La culture des terres fera négligée par impuiffance, de même que l'exercice des Arts les plus utiles. Tout fe trouvera en défaillance & dans un découragement général. Il n'y aura que les Marchands de Grains, & leurs intéreſſés qui s'enrichiront toujours aux dépens de l'Etat, & qui s'engraiſſeront de la miſere du Peuple.

Comment pouvoir remédier à des événemens ſemblables dans l'un & l'autre ſyſtême? Toute la ſageſſe humaine, de quelque côté qu'elle ſe tourne, ſe trouve en défaut. Le ſyſtême de permettre le commerce des Grains avec toute la liberté poſſible, a des inconvéniens cruels; celui de défendre l'exportation en tout ou en partie a des abus qui ne ſont pas moins grands, comme on vient de le faire voir. Tous deux conduiſent aux extrêmités les plus fâcheuſes, ſi l'on n'a pas une reſſource dont on puiſſe faire uſage dans les temps de calamité.

Dans un Royaume auſſi vaſte que la France, où l'on recueille toutes les choſes de premiere néceſſité, qui tient au Continent & à deux Mers, où les tranſports des denrées ſont faciles, mais coûteux, il faudroit un autre plan de légiſlation, du moins ſur le commerce des Grains, pour ne pas être continuellement expoſés aux maux & aux déſordres que cauſent les changemens des ſaiſons & les variations dans le commerce général de l'Europe. On ne pourra éviter ces maux, quelque choſe que l'on faſſe, qu'en employant d'autres moyens.

L'Auteur en va préſenter ici un, que ſon zéle pour ſa Patrie lui a fait imaginer. Il paroîtra peut-être un peu compliqué & d'une exécution douteuſe quant au ſuccès. Il ſouhaite de tout ſon cœur que quelqu'autre en trouve un plus simple, & dont la réussite soit plus certaine. Il n'en sera point jaloux, pourvu qu'on vienne à bout de délivrer les Grains des entraves des Monopoleurs & de la cupidité de nos Marchands, qui arrêtent nos sources productrices, par leurs manœuvres sourdes, oppriment l'indigent, affoiblissent le riche, & jettent toute la population dans la langueur & le dépérissement. Si on les empêche d'exercer leurs talens dangereux, ils crieront sans doute que tout va être renversé ; mais j'en appelle contr'eux à la voix publique & au véritable intérêt de l'Etat.

Moyens de remédier aux abus & aux inconvéniens.

Pour opérer efficacement l'heureuse réforme que l'on propose, il faudroit commencer dès à présent par appaiser le murmure du Peuple. Aux maux violens il faut des remedes prompts & adoucissans. Il est certain que le pain est trop cher pour le bas peuple. Comme il y a encore beaucoup de Grains dans le Royaume, on pourroit ordonner à tous les Marchands d'en fournir les marchés au prix que les Grains ont valu avant Noël dernier, avec dix pour cent de bénéfice & les frais de voiture en sus de ce qu'ils les auroient achetés, ou bien taxer les Grains à raison de 25 liv. le setier de froment & de 18 liv. celui de seigle, sauf à donner aux Marchands un dédommagement proportionné. Il faudroit aussi les obliger de faire leur déclaration juste de tout le Grain qu'ils ont en main, sous peine de confiscation

au profit des pauvres des Grains qu'ils n'auroient pas déclarés , & qu'on découvriroit
leur appartenir. *

Pendant que l'on confommeroit ce Grain ,
il en arriveroit fans doute de l'Etranger , &
le Peuple ne fouffriroit pas à la veille d'une
récolte , où il faut qu'il redouble de force & de
courage , pour faire à la campagne les travaux qu'elle exige , & où il eft néceffité de
faire une plus grande confommation de pain.
Le prix auquel fera réglé le bled du Marchand ,
fervira auffi de regle pour celui des Fermiers
& des Propriétaires qui en auront à vendre
de leur fuperflu , & qu'on obligera de même
d'en porter aux marchés. On previendra par-
là toute émeute & tout excès. Le Peuple aura
de quoi vivre , en attendant la nouvelle récolte
ou l'arrivée du bled étranger ; & peut-être
que , fi l'on fait exactement la recherche des
Grains , il s'en trouvera en France plus que
fuffifamment.

Pour éviter dans la fuite tout accident à
cet égard , on ordonneroit que dans chaque
grande Paroiffe qui recueille beaucoup de
Grain , ou dans chaque petit canton compofé
de plufieurs Paroiffes , dont la récolte particuliere n'eft que médiocre , il feroit conftruit
un grenier public propre à contenir 1500 ou
2000 fetiers de Grain , lequel grenier feroit
divifé en plufieurs parties contenant chacune

---

* Ceci étoit bon il y a deux mois , lorfqu'on écrivoit
ce Mémoire , & ce moyen auroit fon utilité , fi pareil
événement arrivoit.

3 ou 400 setiers. Si le projet est approuvé ;
l'Auteur donnera le dessein d'un de ces greniers, où il sera démontré que le Grain ne
pourra jamais se gâter, quoique même on ne
l'y remue pas.

Quand cet ordre auroit été établi & exécuté, la Paroisse ou le canton nommeroit
quatre principaux habitans des plus notables,
qu'on appelleroit Syndics des bleds, pour
garder & gérer les Grains qui seroient ap-
portés dans ce dépôt. Car, tous ceux qui
auroient des Grains superflus à leur consommation, seroient invités à les porter au magasin, où on les leur payeroit comptant sur
le pied de 24 liv. le setier de froment pesant
240 livres, qui est la mesure de Paris, & de
18 liv. le setier de seigle du même poids, dans
le cas où ils voudroient vendre, & pourvu que
ces Grains fussent bien secs & bien nettoyés.

Si le bled dans les marchés étoit à un plus
haut prix, il seroit inutile alors de remplir
de Grain le magasin, qui n'auroit été établi
que pour le cas où le Grain vaudroit moins :
& cela, par la raison toute naturelle qu'il
faut laisser le particulier libre de retirer de
son Grain le plus qu'il lui est possible. Mais,
comme l'exportation seroit absolument défendue dans tout le Royaume, jusqu'à ce que
les greniers fussent pleins, pour peu qu'il y
eut de Grains au-delà de la consommation
ordinaire, il est à présumer qu'il ne vaudroit
jamais ce prix au marché.

La prohibition d'exporter subsistante sous
des peines très-rigoureuses, on trouvera sans
doute que le prix que l'on propose ici de

donner aux Grains feroit également avantageux au Fermier & au Confommateur : au
Fermier fur-tout , qui nous les procure par
fes travaux, & qui fe voyant afluré de recevoir dans tous les temps 24 liv. au moins du
fetier de froment & 18 liv. de celui de feigle, argent comptant , fe trouveroit encou-
ragé à en faire venir le plus qu'il lui feroit
poffible ; par-là l'Agriculture fe maintiendroit
en vigueur. Quant au Confommateur, comme
ces magafins ne feroient établis que pour
fournir des Grains à la vente & en faire baif-
fer le prix dans les années difetteufes, il feroit toujours fûr d'en avoir à un prix raifonnable, & l'on établiroit pour regle que, quand
les Grains dans les marchés des Villes paffe-
roient 30 liv. le fetier , les dépôts publics feroient ouverts & qu'on les y vendroit 30 liv.
ni plus ni moins.

Le bénéfice qui réfulteroit de cette vente ,
après la déduction faite des faux frais & de
l'intérêt des fonds capitaux, feroit au profit
des particuliers qui auroient mis ce bled
en dépôt au magafin, dont on tiendroit un
regiftre exact, & les prépofés à cette régie
en feroient refponfables même par corps. Ces
faux frais & cet intérêt ne fe monteroient
que rarement à 2 liv. 10 fols par fetier, en
forte qu'il reviendroit au particulier qui auroit
porté fon Grain au dépôt 3 liv. 10 fols au moins
de bénéfice, outre les 24 liv. qu'il auroit déja
perçues en l'y livrant.

Ce bénéfice venant dans un temps où les
récoltes auront manqué , dédommagera le
Fermier des pertes qu'il aura faites. Cette

ressource qu'il recevra dans les années de calamité, relevera sa petite fortune, qui, par-là, se trouvera toujours à peu près la même, & ne lui fera pas négliger ses travaux ordinaires. Ce moyen, qui est très-simple & facile à pratiquer, mettra le Royaume en état de se passer des Grains de l'Etranger, qu'on ne peut faire venir qu'à grands frais ; ce qui épuise toujours la Nation & l'Etat, quand on est forcé d'y recourir.

Si l'on exécutoit ce plan, le pain blanc de quatre livres à Paris ne vaudroit jamais moins de 10 sols & jamais plus de 12 sols dans la plus grande cherté. Ainsi les ouvriers & le bas peuple auroient une assurance plus sixe & plus certaine pour leur nourriture ; & comme c'est le prix de cette denrée de premiere nécessité qui regle celui de toutes les autres choses, tout le commerce intérieur de la Nation se mettroit à ce niveau. Ainsi, il n'arriveroit jamais des temps de détresse & de langueur dans le commerce, & son activité seroit toujours à peu près la même. C'est à quoi doit veiller tout Gouvernement qui se conduit avec prudence, s'il veut entretenir la prospérité dans l'Etat. Le moindre Politique ne peut se refuser à l'évidence du succès d'un pareil moyen.

Comme il ne seroit permis à personne de sortir des Grains hors du Royaume, que les magasins ne fussent remplis, & qu'il n'y eût par-là 40 millions au moins de setiers de Grain en réserve dans ces dépôts, soit en froment, soit en seigle, il n'est pas douteux qu'en peu de temps ces greniers seroient pleins.

Quand une fois ils le feroient, on permet-
troit alors la fortie des Grains pour l'Etranger. Cette fortie fera utile pour tirer parti
de notre fuperflu, & pour tenir toujours le
prix du Grain à 24 liv. au moins le fetier.
Mais, quand on verroit qu'il hauſſeroit juſqu'à 28 & 29 liv., on feroit alors d'expreſſes
défenſes d'en fortir davantage fous de griéves
peines, qu'on infligeroit fans aucune rémiſſion
& fans égard pour perſonne. Car, quand on
ne punit pas févérement dans ces matieres,
on en abuſe toujours, & on trouve aſſez de
moyens & d'appui pour éluder la Loi, qui
devient alors inutile.

Ceux qui favent la manutention du commerce de la Boulangerie, trouveront que,
lorſque le froment eſt à 24 liv. le fetier,
le Boulanger peut donner le pain blanc à
Paris à 2 f. 6 d. la livre, & le pain mollet
à 2 f. 9 d.; le pain dont on n'a ôté que le
gros fon, à 2 f. la livre, & celui où on a laiſſé
le fon, à 1 f. 6 d., en feigle fans fon à 1 f. 6 d.,
avec le fon à 1 f. 3 d., & ainſi des autres eſpeces de pain, en proportion du prix plus
ou moins fort que les Grains fe vendent au
marché; en forte que ce même pain blanc à
Paris ne doit valoir que 3 f. la livre, quand
le fetier de froment fe vend 30 liv.

Il ne reſte plus qu'à donner les moyens
de trouver l'argent néceſſaire, tant pour faire
conſtruire les magaſins avec les moulins qui
en dépendroient, que pour payer tous les
Grains qu'on apporteroit à ces magaſins, juſqu'à la quantité de 40 millions de fetiers,
au moins, qui feroient plus de la moitié de

la consommation ordinaire du Royaume.

La dépense pour la construction de ces magasins ou greniers publics & des moulins qui y seroient joints, iroit à environ 4000 liv. pour chaque grenier & moulin ensemble. Comme on estime qu'il en faudroit à peu près 25000 répartis dans les différentes Paroisses de campagne de tout le Royaume, cela seroit au total une somme de 100 millions. D'un autre côté, pour faire l'achat de 40 millions de setiers de Grain, tant froment que seigle, en les mettant l'un dans l'autre à 21 liv. le setier, ce seroit un objet de 840 millions qu'il faudroit trouver. Comment pouvoir se procurer des sommes aussi exorbitantes?

Bien des gens néanmoins pensent que ces greniers publics devroient se faire & se remplir, en payant comptant en argent monnoyé; mais ils ne font pas réflexion que la chose est absolument impossible. Il faudroit, comme l'on voit, près d'un milliard. Où trouver un comptant aussi énorme, qui fait la moitié du numéraire du Royaume? & si on l'employoit à cette entreprise, le Commerce manqueroit par-tout, faute de fonds. D'ailleurs, ceux qui y placeroient leur argent, exigeroient de gros intérêts, qui en absorberoient tout l'avantage. Il faut donc chercher un autre moyen. Il n'y en a point d'autre que d'établir une Monnoie de papier qui soit sûre & solide, telle que nous allons la proposer.

Billets de Monnoie d'une utilité indispensable.

Qu'on ne se laisse pas prévenir contre cette Monnoie de papier, par le préjugé qui subsiste encore contre les anciens billets de banque. Ils seroient d'une nature & d'une solidité bien différentes; & si l'on a abusé de ces anciens billets, il seroit impossible de le faire de ceux-ci, par les mesures & les précautions que l'on prendroit dans leur fabrication, & que nous allons détailler. Ils seroient de même, & d'une valeur encore plus solide, que les actions de la Compagnie des Indes & tous les autres effets royaux, qu'on ne fait pas difficulté de recevoir dans le commerce.

Le Roi feroit donc fabriquer, pour environ la somme ci-dessus, des Billets de Monnoie de la maniere la moins susceptible de contre-faction. Sur chacun de ces billets, qui seroient d'une grandeur convenable, seroit empreinte l'Effigie Royale, bien gravée, dans un cartouche de lauriers entrelacés de fleurs, &, en toutes lettres, le numéraire du billet, qui seroit de quatre sortes, de 24 liv., de 48 liv., de 72 liv., & de 96 liv. Tous ces billets seroient attachés & reliés, chaque qualité séparément, dans de grands Livres ou Registres; où seroit laissé le talon du billet, son numéraire & son numéro par Généralité. Ces Livres seroient envoyés aux Bureaux de chaque Généralité, sous l'inspection de l'Intendant. On y appliqueroit le cachet de la Généralité, & ils seroient signés de l'Intendant ou de son Secrétaire. On pourroit ajouter encore sur ces Livres & sur les billets telles autres marques distinctives & caractéristiques que l'on jugeroit à propos.

Ces billets ainsi faits & préparés seroient envoyés par l'Intendant aux différentes Paroisses de son ressort, où il y auroit des magasins, & remis dans chacune entre les mains des quatre Syndics choisis pour la régie du magasin, lesquels seroient responsables de l'usage qu'ils en feroient. L'ordre du Roi & son intérêt y seroient formels; & pour donner encore plus d'assurance à ces billets, l'un de ces Syndics les signeroit dans une place qui seroit réservée à cet effet, & mettroit sur le revers du billet, en le délivrant, le nom du particulier à qui il seroit donné pour le prix du Grain qu'il auroit apporté au magasin. On couperoit cette signature & ce nom de maniere à en laisser une partie au talon du regiftre, & l'autre sur le billet. Le regiftre seroit chargé, en outre, comme nous l'avons dit, du numéro & de la valeur numéraire, avec le nom de la Paroisse.

Pour la fabrication de tous ces billets, le Roi, pour la premiere fois seulement, retireroit deux pour cent, que le vendeur de Grain au dépôt payeroit de son argent, ou qu'on retiendroit sur le compte de son Grain, en le lui payant de cette Monnoie. Dès ce moment, ces Billets de Monnoie auroient cours dans tout le Royaume, ainsi que l'argent monnoyé; on les recevroit dans toutes les caisses des deniers royaux, & ils seroient employés dans tous les payemens qui se feroient dans l'étendue de la Monarchie Françoise.

On

On n'en fabriqueroit que la quantité qui auroit été fixée pour l'achat de 40 à 45 millions de setiers de Grains , & pour la construction des greniers & des moulins qui seroient ordonnés dans les Paroisses. Il seroit défendu expressément d'en faire davantage, & encore plus de les contrefaire, sous peine de la vie. Avec toutes ces précautions , cette Monnoie seroit à l'abri de toute falsification, & auroit une solidité permanente, qui la rendroit d'une grande utilité pour le commerce.

Il n'y auroit que les Financiers , les Banquiers & peut-être quelques Marchands qui pourroient trouver mauvais ce système , & chercher à décrier ces billets, en les comparant aux billets de banque. Mais, comme on l'a observé ci-dessus , la nature en est bien différente ; & qui voudra faire usage de la raison , verra aisément que toute crainte de non-valeur ou de discrédit à leur égard seroit mal fondée. Car la valeur de cette Monnoie seroit réelle & existante en nature dans les magasins des Paroisses, qui l'auroient acceptée & qui en seroient garantes; ce qui en rendroit caution en quelque sorte toute la Nation.

D'un autre côté, le Roi y trouvant un grand avantage, seroit intéressé lui-même à la maintenir dans toute son intégrité, & à lui conserver la confiance du Public. Enfin, pourquoi n'auroit-on pas autant & même plus d'assurance dans ces billets que dans des lettres de change de particuliers, qui sont la monnoie la plus ordinaire du commerce, quoiqu'elles perdent de leur numéraire en circulant, & que ces particuliers deviennent souvent insolvables ?

D

Il seroit néceffaire, dans le plan de cet arrangement, d'établir dans chaque Généralité & dans la principale Ville, une Jurifdiction compofée de fept ou huit des principaux Marchands de la Ville les plus en réputation d'expérience & de bonne conduite, pour connoître en premiere inftance, à l'inftar des Juge-Confuls, de toutes les conteftations au fujet de la vente des Grains, & en particulier de la geftion des Syndics des magafins de Grains, de la reddition de leurs comptes vis-à-vis de ceux qui auroient dépofé leurs Grains, du rembourfement qu'ils feroient tenus de faire des Billets de Monnoie chaque fois que les bleds en réferve feroient vendus, de leurs malverfations & de tous les cas où ils auroient manqué dans leurs fonctions vis-à-vis des particuliers ou du Public.

Ils feroient punis, fuivant les cas, ou de la prifon, ou par des condamnations pécuniaires, qui s'exécuteroient fur tous leurs biens-meubles & immeubles, avec privilége en faveur de ceux qui les auroient fait condamner pour faits de leurs charges; & ils feroient folidairement réfponfables, à cet égard, les uns pour les autres. La valeur ou quantité des Grains en réferve dans chaque magafin ne montant qu'à 1500 ou 2000 fetiers, les quatre Syndics enfemble auroient toujours affez de biens pour répondre de 30 ou 40 mille livres que cette quantité pourroit valoir.

Il y auroit à Paris un feul & unique Tribunal fupérieur à toutes ces Jurifdictions, qui connoîtroit par appel & en dernier reffort de toutes les conteſtations concernant le commerce des Grains, la régie des magaſins, & les Billets de Monnoie. Ces nouveaux Tribunaux, que le Roi crééroit ſans exiger aucune finance de leurs Officiers, de même que les Juges-Conſuls, ſeroient nommés : *La Conſervation des Grains.* De cette maniere, le commerce des Grains ſeroit ſoutenu dans tout le Royaume, & contenu dans les bornes preſcrites par les Statuts ou Réglemens qui ſeroient faits à cet égard ; ce qui aſſureroit aux Billets de Monnoie la plus grande confiance.

Pour établir un ordre encore plus ſûr & plus avantageux, on pourroit ordonner que ces billets n'auroient cours que pour une année, qui ſeroit exprimée ſur leur empreinte, & que tous les ans il en ſeroit fait de nouveaux ſur le même modéle, ſi l'on vouloit, à la différence de l'année près. Ceux qui les auroient, les apporteroient aux Bureaux les plus prochains des magaſins de Grains d'où ils ſeroient émanés ; ils ſeroient remis aux Syndics, qui en donneroient leur reçu, & les enverroient au Bureau de la Généralité de leur dépendance, où tous les Syndics des Paroiſſes du reſſort ſe rendroient avec le Livre des talons, pour vérifier les billets qui en auroient été tirés, & ces billets ſeroient détruits ou même brûlés en préſence de l'Intendant ou de ſon Subdélégué.

On donneroit d'autres billets de l'année en échange pour la même ſomme, que les Syndics remettroient à ceux qui leur auroient confié les premiers, & en retireroient leurs reçus. Ce changement de billets tous les ans seroit nécessaire, pour arrêter la contrefaction, s'il y en avoit, pour les renouveller, s'ils étoient trop usés, pour en retirer un nouveau bénéfice au profit du Roi, & enfin pour payer les faux frais que ces billets occasionneroient au Gouvernement. Il seroit donc payé par les Syndics le centieme denier de leur valeur, qui seroit prélevé sur le prix de la vente des Grains du magasin, & que chaque particulier supporteroit lorsqu'on lui en rendroit compte.

Ainsi, en supposant que les Grains restassent dans le magasin trois ou quatre ans au plus, le total de ces droits ne se monteroit guères qu'à la somme de 1 liv. 19 s. 6 d. par setier; savoir, 9 s. 6 d. des deux pour cent de la valeur des Billets de Monnoie dus au Roi la premiere fois seulement qu'on feroit ces billets; 14 s. 5 d. d'un pour cent qui lui feroit encore dû tout au plus pendant trois ans pour les frais de réfection de ces billets; 15 s. aux Syndics pour les six deniers par livré qui leur feroient accordés; & 1 s. pour l'intérêt des fonds employés à la construction des magasins & moulins : ce qui feroit en tout 2 liv. au plus par setier.

Ces 2 liv. prélevées ou retenues sur le prix du setier lors de la vente au magasin, il en reviendroit encore au Propriétaire du Grain qui y auroit été mis en dépôt, 4 liv. au moins de bénéfice, outre les 24 liv. qu'il auroit déja reçues en l'y portant.

De cette façon, dès qu'il faudroit à peu près un milliard de cette monnoie dans le

Royaume, le Roi retireroit d'abord la premiere année 20 millions de bénéfice fur la création de ces billets, & tous les ans pour les faire refaire, il auroit encore un bénéfice , comme une efpece de rente de 10 millions, qui lui reviendroit de cette réfection, & qu'il percevroit par conféquent fur le commerce des Grains. Moyennant ce bénéfice, qui feroit confidérable, il feroit de fa bienfaifance, pour favorifer ce commerce dans le Royaume, d'y fupprimer tous les droits quelconques qui fe perçoivent fur les Grains, & qui exigent une régie difpendieufe.

Que l'on confidere préfentement qu'une quantité auffi grande de cette nouvelle monnoie, qui auroit cours & circuleroit avec l'argent monnoyé, feroit que, le numéraire étant moins rare , le commerce auroit beaucoup plus d'activité, tous les paiemens fe feroient avec plus de facilité, & l'intérêt de l'argent baifferoit de lui-même à un taux favorable à la circulation. On ne peut certainement rien faire de mieux , pour tirer notre commerce de l'oppreffion où les Marchands de numéraire le retiennent. J'en appelle aux perfonnes intelligentes & expérimentées , qui n'ont en vue que le bien de l'Etat.

Il faut ébaucher ici le plan du commerce des Grains dans l'intérieur du Royaume, que pourroient faire, d'après ces nouveaux établiffemens, les Cultivateurs eux-mêmes & les Propriétaires des fonds, fans le fecours d'aucuns Marchands. On y verra une concurrence ou une balance fi naturellement établie, qu'elle mettroit toujours les Grains à un prix con-

venable, tant pour l'avantage du Cultivateur
que pour celui du Consommateur.

Commerce intérieur des Grains & des Farines, suivant ce nouveau systéme.

Dès que les Paroisses auront des magasins
où les Cultivateurs seront engagés à faire
apporter leurs Grains pour y être vendus, le
commerce en deviendra beaucoup plus facile
& plus général. Ces magasins seroient les
premiers marchés publics & les plus à la portée de chacun, & comme le moulin en seroit
voisin, il seroit aisé d'y faire moudre son Grain
tout de suite, & d'avoir sa farine presqu'aussi-
tôt. Il conviendroit, à ce sujet, de dédommager les Seigneurs qui ont droit de bannalité
de moulin sur les lieux, mais ce seroit l'affaire
des Paroisses, qui seroient autorisées par le
Roi à se racheter de cette servitude.

Ceux des habitans qui voudroient vendre
leurs Grains aux marchés des Bourgs & Villes
voisines, où ils seroient d'un meilleur ou plus
grand débit, auroient la liberté de le faire.
Il leur seroit seulement défendu de vendre à
d'autres qu'aux Boulangers & Bourgeois pour
leur consommation. Comme les Syndics de chaque Paroisse auroient le droit d'envoyer les
Grains qu'on leur apporteroit pour être vendus dans les temps de cherté au prix courant
dans les marchés publics, & non ailleurs,
cela établiroit une concurrence qui empêche-
roit l'excès du prix. Ils auroient tous le même
privilége de fournir le Royaume de Grains par-
tout où ils trouveroient plus de profit.

Lorfqu'il faudroit envoyer ces Grains par bateaux fur les rivieres , plufieurs Paroiffes voifines pourroient fe réunir, & faire pour leur compte des envois de bleds ou de farines dans les Villes éloignées. Les Syndics choifis à cet effet feroient chargés de la commiffion, & d'aller faire eux-mêmes la vente de ces Grains ou farines, moyennant un bénéfice de fix deniers par livre fur le prix de cette vente, après le prélévement fait des frais de leurs dépenfes perfonnelles, & de tous ceux qu'auroit occafionné le tranfport. Ils feroient tenus d'en rendre compte à ceux qui auroient confié leurs bleds ou leurs farines à leur commerce; & pour qu'ils ne puffent faire aucune malverfation, on continueroit l'ufage d'avoir dans chaque lieu le rapport au Greffe de la Jurifdiction du prix qu'ont eu les différens Grains à chaque marché, (ce qu'on appelle Mercuriales,) dont les Syndics feroient obligés d'apporter un extrait en bonne forme pour leur juftification.

Il eft effentiel que le commerce d'une denrée fi néceffaire foit fait avec une grande œconomie, pour éviter qu'il y ait entre le Cultivateur & le Boulanger ou le Confommateur un agent qui véxe & rançonne l'un & l'autre. Or, les Syndics étant établis comme Facteurs & Commis pour ce commerce, & leurs droits étant modiques, il n'arrivera guères que quelqu'autre veuille l'entreprendre pour fon compte, & y avancer de gros fonds, dès que les Paroiffes elles-mêmes s'occuperont de faire débiter leurs Grains aux prix les plus fimples & de la maniere la moins difpendieufe.

Elles pourroient donc les aller vendre par-
tout, jufques dans les Villes où il y a ports
de Mer, à des Négocians en gros, ou aux
Etrangers mêmes, lorfqu'il fera libre de laiffer fortir les Grains hors du Royaume, fuivant
les prix qu'on a cru devoir fixer, afin de les
tenir en France à un certain taux, qui ne
laiffe pas avilir cette denrée. Sur les prix
qu'auroient les Grains & les farines au marché, il feroit fait dans chaque lieu une taxe
proportionnée pour le pain, qui feroit rendue
publique, en forte que les Boulangers du lieu
ne pourroient pas le vendre au-delà.

On prie les Lecteurs d'obferver que, fans
les magafins de réferve que nous propofons,
il ne feroit pas poffible de faire fuivre ces
regles fi avantageufes pour le commerce des
Grains, & pour le commerce en général. Ce
feront ces magafins qui feront tenir la balance
toujours égale, malgré l'irrégularité des fai-
fons, & les tentatives des Marchands.

Mais, fans le fecours des Billets de Monnoie,
les magafins feroient une chimere & même une
efpece de véxation, qui feroit contraire à
l'intérêt du Cultivateur. Car, fi l'on payoit
l'intérêt de l'argent à cinq pour cent avec les
frais de garde & de régie, en gardant pendant quatre ans ces Grains dans le magafin,
ces intérêts & frais abforberoient tout le bénéfice, comme il eft aifé de l'appercevoir.

Au lieu que, par le moyen des Billets de
Monnoie, il n'y auroit point d'intérêt à payer,
& le Fermier trouveroit, lors de la vente des
Grains du magafin, un revenant bon qui le
dédommageroit des années malheureufes, où

il ne recueilleroit que foiblement, & où il ne vendroit pas en proportion de la perte qu'il feroit. Enfin, fans ces magafins & les Syndics établis pour la vente de ces Grains, même à l'Etranger, le Fermier ne pourroit pas efpérer avoir par lui-même autant de bénéfice. Toutes ces combinaifons affureroient donc un des plus grands avantages aux Cultivateurs & à la Nation en général.

L'établiffement d'un moulin dans le voifinage de chaque magafin, eft comme indifpenfable, pour favorifer ce commerce, en fe procurant des farines prefque fur le champ. Car il fera bien plus commode de tranfporter la fleur de la farine dans les grandes Villes où elle fe débite mieux, que d'y porter les Grains en nature, puifqu'il y auroit plus de 80 livres de gros fon ou de recoupes à retrancher du poids de chaque fetier, qui par-là feroit réduit à 160 livres de fine farine, au lieu de 240 que le tout péferoit enfemble.

Il faudroit mettre ces farines, pour le tranf-port, dans des tonnes de bois blanc, qui en contiendroient chacune au moins 800 livres pefant, c'eft-à-dire, le produit de quatre à cinq fetiers. Ces tonnes coûteroient peu, & elles conferveroient la farine ou le Grain beaucoup mieux que des facs ou des bateaux à découvert, dans lefquels les Grains contractent toujours de l'humidité, du mauvais goût, & fe gâtent. Auffi, voit-on les Boulangers un peu délicats ne pas vouloir de ces Grains, & préférer d'en acheter d'autres 40 & 50 fols plus chers par fetier.

On laifferoit dans les campagnes le gros fon

& les recoupes, qui, étant mêlés & remoulus avec du seigle, après qu'on en auroit retiré le son pailleux, serviroient à faire du pain pour le Peuple, à qui on le feroit débiter à bas prix, au moyen des fours qu'on auroit exprès dans le lieu même des moulins. Ce qui œconomiseroit, & éviteroit beaucoup de peines & de soins aux malheureux journaliers, qui n'ont pas les moyens de se procurer une fournée de 50 livres pesant.

Il a fallu nécessairement descendre dans ces détails un peu minutieux, pour mieux faire sentir les différens avantages de ce nouveau projet, & exposer des vérités d'une conséquence infinie pour le Gouvernement, qui est le soutien du foible & du pauvre. C'est un projet qu'il ne peut manquer d'approuver, comme étant le plus favorable aux peuples, sur-tout à ceux de la campagne, qui travaillent journellement à nous procurer les premieres nécessités, à nous fournir les moyens d'aisance, & à multiplier les objets de notre commerce.

Qui est-ce qui pourroit contredire ces vérités & désapprouver ce projet ? Il n'y auroit que les Marchands de Grains, parce que ce système de commerce détruiroit les moyens qu'ils ont actuellement de s'enrichir aux dépens du Public & des malheureux mêmes de qui viennent ces richesses. Si on les consultoit à ce sujet, ils traiteroient ce plan de chimérique & contraire aux vrais principes. Ce feroit un Berger mal avisé qui iroit au conseil des loups leur demander le meilleur endroit pour faire paître son troupeau. Ils lui diroient, fans doute : Menez vos moutons dans les forêts; l'herbe y eſt fraîche & appétiſſante , & ils y feront à l'abri des ardeurs du foleil. Mais, ſi le Berger eſt prudent, il verra qu'ils y feront bien plus expoſés à leur voracité.

Ne conſultons jamais ceux qui, comme les loups , vivent aux dépens du troupeau en l'égorgeant. Conſultons plutôt les Laboureurs, les Fabricans , les Citadins, tous ceux enfin qui n'ont d'autre part au commerce des Grains, que celle de les fournir, ou de les avoir à un prix proportionné aux facultés de tout le monde. Ceux-ci diront certainement : Si le Miniſtere approuve le ſyſtême propoſé, nous voyons clairement que l'Agriculture ſe ranimera, & que les peuples de la campagne, ainſi que ceux des Villes, auront toujours une nourriture aſſurée.

Les Billets de Monnoie , dans ce ſyſtême, étant repréſentatifs d'un milliard, dont les fonds ſe trouveroient doublement aſſurés , par les moyens expliqués ci-deſſus, vaudroient mieux que l'or, pour faire les grands paiemens. Ils contribueroient à rendre la monnoie réelle, plus commune, & en la faiſant circuler davantage , ils animeroient toutes les parties du commerce ; l'intérêt y baiſſeroit de moitié, & il ſe trouveroit ſoulagé du peſant fardeau que lui impoſent ceux qui font trafic des eſpeces monnoyées, qui abſorbent le plus clair & le plus net des profits des Marchands & des Fabricans, lorſqu'ils ſont forcés d'y avoir recours.

L'argent étant devenu plus commun , les biens de Ville & de campagne, les marchandiſes

& tous autres effets quelconques auroient plus de valeur. Le Roi conséquemment retireroit davantage de son Peuple, en proportion de l'augmentation de son commerce & de son aisance. Il pourroit alors se faire un trésor, qu'il mettroit en réserve, pour s'en servir dans des temps de guerre ou d'autres malheurs, sans être obligé de surcharger le Peuple. Jamais un Prince n'est plus puissant & plus respecté que quand on sait qu'il a des sommes immenses à sa disposition, & toujours prêtes à employer dans des occasions urgentes, sans avoir besoin de recourir à de nouveaux impôts sur ses Sujets.

C'est une fausse maxime de dire qu'un Prince ne doit point thésauriser sur ses revenus, & qu'il ne doit avoir d'autre trésor que la bourse de ses Sujets. Il n'y a que des Traitans qui pensent ainsi, & qui peuvent lui donner ce mauvais conseil, pour avoir de nouvelles occasions de mettre l'Etat à contribution, toutes les fois que le Prince aura à faire des dépenses extraordinaires & nécessaires. Comme dans le présent système, tout le monde pourroit se mettre en état de payer comptant, il y auroit moins de banqueroutes dans le commerce. On pourroit aussi obliger les Boulangers & les Bourgeois qui achéteroient du Grain de le payer comptant en billets ou autre monnoie.

Les personnes qui auroient des Grains, & qui seroient pressés de faire de l'argent, en portant leurs Grains aux Syndics pour les vendre, pourroient leur demander des sommes à

compte, que ceux-ci leur avanceroient moyennant quatre deniers par livre de rétribution,
qui feroient par eux retenus avec les fom-
mes avancées fur le prix de ces Grains vendus. De cette maniere, le bénéfice reviendroit
au Cultivateur ou habitant de la campagne,
ce qui faciliteroit beaucoup le commerce
de cette denrée, & mettroit les autres com-
merces au même niveau. Les Propriétaires des
terres feroient fûrs qu'elles en auroient une
meilleure culture, & qu'ils en feroient mieux
payés de leurs Fermiers. Les droits du Roi &
ceux des Seigneurs en feroient plus facilement perçus, & tout profpéreroit.

Si le Lecteur n'a pas perdu de vue les différens objets qu'on vient de lui préfenter, &
qu'il les ait fuivis pas à pas dans l'expofé de
ce fyftême, il fera convaincu qu'on a frappé
directement au but, qui eft de délivrer le
commerce des Grains de la cupidité des
Monopoleurs, & de le rendre le plus avantageux qu'il eft poffible à toute la Nation,
en évitant tout abus & tout inconvénient.

L'Auteur a hazardé ces réflexions, qui fe ré-
duifent à faire obferver que, eu égard à la
mifere du Peuple, fi on laiffoit fubfifter les
chofes telles qu'elles font, de même que fi
on les rétabliffoit fur le pied où elles étoient
auparavant, foit en permettant l'exportation
des Grains hors du Royaume, foit en la dé-
fendant, de façon ou d'autre, l'Agriculture
tomberoit dans la plus grande léthargie, & le
Royaume feroit expofé à des dangers peut-
être plus grands. Car les changemens fur ce

point, s'ils ne font bien ménagés pour l'avantage du Peuple, portent des fecouffes violentes à la conftitution du Gouvernement. Mais il faut tout efpérer de la prudence du Miniftere actuel, & de l'intention bienfaifante du Monarque.

PROJET

D'UTILITÉ ET D'ORNEMENT,

POUR

LA VILLE DE PARIS ;

PROPOSÉ AU PUBLIC.

*Par M. de G**.*

PROJET

D'UTILITÉ ET D'ORNEMENT

POUR

LA VILLE DE PARIS.

UNe Capitale comme Paris, que l'on met à jufte titre au rang des plus grandes & des plus belles Villes du Monde, située fous le climat le plus falubre de l'Europe, & habitée par un Peuple immenfe, qui cultive les Beaux-Arts, qui fe pique de bon goût, & qui aime à fe procurer tous les agrémens & toutes les commodités de la vie, ne peut qu'applaudir aux propofitions fuivantes, que lui fait un zélé Patriote.

C'eft 1°. de purifier tous les jours l'air de fes rues, en lui procurant une eau pure & abondante pour les laver, & en emporter les immondices.

2°. De fournir à difcrétion dans chaque maifon de l'eau de la Seine très-limpide & fans aucun mélange de celle de la Marne ni d'autres eaux de mauvaife qualité; & ce, fans aucune interruption & fans le fecours d'aucune machine, par conféquent fans pouvoir être arrêtée ni par les glaces ni par les féchereffes.

3°. Par une fuite & dans l'exécution de ces opérations, il fe préfente un moyen de former une prairie d'une étendue de 4 à 5000 arpens aux portes de la Ville.

4°. De pouvoir faire conftruire des moulins & autres machines utiles aux Fabriques & au Commerce en général.

5°. De pouvoir finir à peu de frais l'entreprife de la Garre, que l'on a commencée fur un plan mal conçu & impraticable.

Ces cinq objets d'utilité publique fe trouvent fi parfaitement liés enfemble dans le préfent Projet, qu'ils concourent à le rendre d'autant plus intéreffant, d'une dépenfe beaucoup moindre, & d'un plus grand produit. Si l'on n'en entreprenoit qu'un féparément, quelqu'utile qu'il pût être, fon produit ne feroit pas capable de dédommager les Entrepreneurs de leurs frais ; au lieu que ces cinq objets étant exécutés en même temps, il faudra peu de fonds en comparaifon de leur utilité & de leur produit, pour les terminer. Il fe trouvera encore beaucoup d'autres acceffoires, qui tiennent à cette entreprife, & qui font d'une conféquence à ne pas devoir être rejettés. L'Auteur fe réferve de les faire connoître & de les développer, fi ces premiers objets font approuvés.

Au furplus, qu'on n'imagine pas que le Projet qu'on va expofer ici, foit conçu par l'efpoir d'un fordide intérêt, comme la plupart de ceux qu'on a déja propofés ou exécutés. L'Auteur n'eft animé que du zéle pour le bien public. Il cédera même volontiers la gloire de l'invention, à quiconque trouvera des moyens plus simples & moins difpendieux que ceux qu'il eft en état de fournir, pour l'exécution de cette entreprife dans fon entier.

Pour élever les eaux de la Seine à plus de 120 pieds au deffus de fon niveau naturel à la porte Saint-Bernard, dans une quantité fuffifante pour fournir à tous les befoins de la Ville de Paris & à laver fes rues tous le matins, on fera conftruire un canal, qui prendra les eaux de cette riviere au deffus de Corbeil, & qui regnera au niveau, par une pente très-douce de 2 pouces fur 100 toifes, tout le long des côteaux de la plaine, jufqu'au deffus du Marché aux chevaux. Dans cet endroit, on fera des filtroirs, pour clarifier l'eau avant qu'elle entre dans les tuyaux qui la diftribueront par tout Paris. Ces conduites majeures pafferont fous le pavé des ponts & fous celui des rues, d'où partiront des ramifications qui fourniront de l'eau de droit & de gauche dans les réfervoirs ou cuvettes de chaque maifon.

Ces tuyaux feront faits d'une maniere folide & faine. On n'y employera qu'une terre de bonne qualité, bien préparée & à demi vitrifiée. Ils feront revêtus de maçonnerie, pour les garantir de l'ébranlement des voitures & de tous autres accidens. Il y aura des regards & des robinets à des diftances convenables, pour pouvoir les nettoyer en cas d'engorgement, ou pour y faire les réparations néceffaires. On aura attention que l'eau ne foit jamais forcée dans ces tuyaux par une hauteur plus grande que de dix à douze pieds. Leur moindre épaisseur sera du tiers du diametre de leur ouverture.

Il n'en coûtera, pour chaque Propriétaire de maison, qu'un capital depuis 400 liv. jusqu'à 1000 liv. une fois payé, à proportion de l'étendue plus ou moins grande des maisons ; & on ne donnera cet argent que quand l'eau aura été livrée dans la cuvette, laquelle cuvette, ainsi que son couvercle, sera d'une terre de grais épaisse d'un pouce, ayant un gros robinet de cuivre ou d'étain d'un pouce aussi de diametre. Cette cuvette sera placée dans une tonne de bois de chêne d'un pouce d'épaisseur bien cerclée de fer, laissant entre la cuvette & la tonne une distance de quatre pouces, dont le vuide sera rempli de mousse, pour empêcher que la cuvette soit cassée par des coups imprévus, & en même temps pour la garantir des gelées.

Cette cuvette, telle qu'on vient de la décrire, sera aux dépens du Propriétaire de la maison, & y demeurera comme chose inhérente & qui en fait partie. Au moyen de ce que les Entrepreneurs auront plusieurs Fabriques particulieres de ces cuvettes & de ces tuyaux, ils pourront les donner toutes placées pour 80 liv. Chaque cuvette contiendra au moins un muid d'eau, & quand les maisons seront petites, on pourra faire servir la même cuvette à deux maisons & même à trois, en les plaçant de maniere à répondre à chacune, & à n'être incommode à personne. C'est de ces cuvettes, que tous les matins, au son de la cloche établie par la Police, chaque particulier lâchera le robinet de la cuvette,

pour faire couler l'eau dans la rue, qui formera un ruisseau affez confidérable pendant
plus d'un quart-d'heure. Au moyen de ce
cours d'eau avec des pelles & des ballets, les
rues fe trouveront rafraîchies & parfaitement
nettoyées de toute immondice. Ce qui détruira
le mauvais air qui exhale des boues & des
urines.

Les plombs & autres tuyaux qui appartien-
nent au Roi ou à la Ville, & qui font fous
le pavé des rues, appartiendront aux Entrepreneurs, à condition qu'ils donneront abondamment & gratis de l'eau à toutes les Maifons Royales & à celles qui en ont une con-
ceffion de la Ville. Ils en fourniront de même
à toutes les fontaines publiques, qu'on laiffera
couler continuellement, pour l'ufage commun & pour entretenir la falubrité de l'air.

Les Propriétaires des maifons feront néanmoins encore tenus de faire à la Ville de Paris, qui fe chargera des réparations des conduites d'eaux & des cuvettes, une rente annuelle du demi-centieme denier du fonds prin-
cipal qu'ils auront déja donné; c'eft-à-dire,
qu'un Hôtel ou Maifon, pour laquelle on
aura payé un capital de 800 liv. ou de 400
liv., payera annuellement 4 liv. pour 800
liv. ou 2 liv. pour 400 liv. Ce qui produira
au total une fomme de plus de 150000 liv.
de rente, que la Ville percevra tous les ans
pour les réparations & l'entretien de tous les
tuyaux des fontaines publiques & cuvettes
particulieres.

Cette fomme fera certainement plus que
fuffifante. Car les conduites & les cuvettes

ayant été bien & solidement faites dans leur première conſtruction, ſeront peu ſujettes à ſe dégrader. On établira dans chaque quartier des Entrepreneurs qui ſeront chargés d'y veiller & d'y faire faire les réparations auſſi-tôt qu'elles ſeront néceſſaires, & qu'elles auront été ordonnées par le Bureau de la Ville, à la premiere réquiſition des habitans. Il convient qu'une choſe d'une utilité auſſi eſſentielle pour le Public ſoit ſous la direction des Officiers municipaux.

Les Propriétaires des moulins & autres machines que les eaux du canal feront mouvoir, au moyen de ce que leur établiſſement leur ſera accordé gratis, ſeront chargés de l'entretien du canal dans toute ſa longueur, juſqu'au réſervoir où les eaux paſſeront par les filtroirs ; mais les filtroirs ſeront à la charge de la Ville, qui jouira de la rente ſur les maiſons. La pêche du canal appartiendra de droit à ceux qui ſeront chargés de ſon entretien.

Les Entrepreneurs de la Garre, qui ont employé des ſommes conſidérables à cette entrepriſe, ſans y avoir réuſſi, pourroient traiter ſous des conditions convenables avec l'Auteur du préſent Projet & ſes actionnaires, qui ſe chargeroient de faire finir ce grand ouvrage, d'une utilité ſi néceſſaire pour la ſûreté des bateaux & des marchandiſes.

Mais comme il s'agira, dans la confection de cet objet, de procurer en outre à la Ville de Paris un avantage des plus réels & des plus eſſentiels, on propoſera au Gouvernement d'ordonner que tous les fonds de terre qui ſe trouveront entre le lit du canal & celui de la riviere, à l'exception des Châteaux, maisons & leurs enclos, feront cédés à perpétuité à la compagnie des Entrepreneurs par les Propriétaires, moyennant une rente fonciere d'un quart en fus de ce qu'ils retirent de leurs fonds par bail ou autrement. Cette rente fera évaluée en grains & non en argent, pour qu'elle puille être fufceptible d'augmentation, à mefure que le Commerce donnera de la valeur à cette denrée.

Cette loi émanée du Souverain fera dans la juftice la plus exacte, puifqu'en procurant au Commerce & aux habitans de la Ville de Paris un nouvel avantage réel que nous allons expliquer, le bien du particulier n'en fera pas léfé. C'eft par le même motif qu'il fera auffi expreffément ordonné que les maisons, clos & autres fonds, quels qu'ils foient & à qui ils puiffent appartenir, qui fe trouveront dans le niveau du canal, & qu'il fera indifpenfable de prendre pour la conftruction de fon lit & de fes bords, feront payés un tiers en fus de leur valeur actuelle, fuivant une eftimation d'Experts, ou bien on en fera pareillement aux Propriétaires une rente fonciere en grains.

Ces rentes, par la même Loi, feront hypothéquées & affignées à prendre par privilége fur les revenus qui proviendront de tous ces fonds & du canal même; &, par grace fpéciale, en confidération du facrifice que les Propriétaires auront fait de leurs fonds, elles feront déclarées exemptes pour toujours de toute impofition royale. C'eft ainfi qu'en obfervant une entiere juftice, nul n'aura à

, se plaindre, & chacun y trouvera son avantage.

L'étendue de tous ces fonds compris entre le canal & la riviere, sera très-considérable, & formera un espace de plus de 5000 arpens. Pour en tirer le parti avantageux que l'on propose, on les fera arroser facilement & abondamment par les eaux de la Seine, quand elles seront sur-tout au-dessus de leur hauteur moyenne, sans que cela puisse jamais nuire à la Navigation dans aucun temps. Au moyen de cette irrigation, qui sera faite avec art, pour distribuer les eaux à propos & avec mesure sur tous ces fonds, quelque arides & mauvais qu'ils puissent être, ils deviendront en peu de temps d'un excellent rapport, par le secours des eaux limoneuses & des autres amendemens qui leur seront fournis.

C'est-là où seront faites des prairies d'une qualité supérieure, qui donneront par arpent mieux que 10000 pesant de foin, soit foins naturels, soit luzernes, trefles, &c. On sera en état de donner ce foin rendu au Port Saint-Paul à 20 liv. le millier. Ce sera un avantage bien grand pour la nourriture d'un si grand nombre de chevaux, que Paris occupe journellement. Il y aura plus de 5000 arpens de prés de cette nature, qui produiront annuellement une augmentation de fourrage pour Paris de 50000 milliers pesant de foin, lesquels, à raison de 20 liv. le millier, seront un objet d'un million de revenu pour cette partie ; sur quoi il faudra déduire les rentes qu'on fera aux Propriétaires des fonds.

Il y aura, en outre, les regains ou la seconde herbe de ces prés, après que les foins
en auront été enlevés. Ces regains appartiendront aux Entrepreneurs , & seront plus
que suffisans pour les indemnifer de tous les
frais de culture, arrofemens, fauchage & tranfport. Ils formeront encore des pâturages à
pouvoir nourrir au moins 10000 vaches à
lait; ce qui fournira du laitage & du beurre
d'excellente qualité pour la Ville de Paris ,
& à bas prix.

Il y a plus : par le moyen des eaux du canal, attendu leur bonté & leur abondance,
on pourra établir fur la partie supérieure des
terres le long des bords de ce canal , & à
la proximité de la Ville , une quantité pro-
digieufe de jardins marêchers ou potagers qui
fourniront avec profufion des légumes de
toute efpece pour le Peuple ; & il eft d'une
grande reffource pour les pauvres d'avoir les
légumes & les herbages à bas prix. Ces jardins potagers paroiffent d'autant plus néceffaires aujourd'hui pour Paris, qu'on détruit
peu à peu tous ceux qui avoifinent cette Ville,
pour y conftruire de nouvelles maifons. Le
tranfport des productions de ces jardins ne
fera pas difpendieux ; le canal les conduira
toutes au réfervoir du Marché aux chevaux,
d'où elles feront diftribuées dans les différens
marchés de la Ville.

Cette abondance de foins à Paris, en procurant le bas prix, obligera ceux qui en ame-
nent de loin, de renoncer à ce commerce,
& de laiffer confommer ce fourrage fur les
lieux. Par-là, on élevera & entretiendra dans

les campagnes une plus grande quantité de beftiaux, & par conféquent on augmentera l'amélioration & la bonne culture des terres, qui feront alors d'un plus grand rapport en grains & autres denrées; ce qui dédommagera amplement de la perte qu'on aura faite des grains & légumes qu'on pouvoit recueillir dans les fonds qui auront été convertis en prairies. Ce font les prés qui procurent toujours l'abondance des beftiaux & des grains, les deux principales fources de notre fubfiftance & de notre Commerce. Tant qu'on négligera de faire & d'entretenir de bonnes prairies, notre culture, notre Commerce & la population ne feront que languir.

Les moulins & autres machines, qui font toujours à la porte des grandes Villes d'une utilité prefque néceffaire, ne demandent pas un long difcours pour en perfuader l'avantage réel. On ne s'étendra donc pas ici fur cet objet particulier.

Si le Gouvernement approuve les vues & les deffeins de l'Auteur dans cette importante entreprife, & qu'il foit engagé à entrer dans un plus grand détail à ce fujet, il dreffera alors la carte & les plans du canal & de toutes les opérations. Il mettra les chofes dans une fi grande évidence, qu'on pourra propofer à des Entrepreneurs les ouvrages en gros & en détail fur chaque objet, de maniere à en faire tout de fuite l'adjudication au rabais. Cette voie eft la plus fimple & la plus fûre pour favoir ce qu'il en pourra coûter pour l'exécution, & le bénéfice qui en reviendra aux Entrepreneurs. C'eft après que l'entreprise aura été mise ainsi dans tout son jour, qu'il sera aisé de trouver les fonds nécessaires, sous l'autorité du Souverain, & aux conditions suivantes :

Que les actions des intéressés seront de 2000 liv. pour faire un fonds de 2,000,000 liv. seulement, qu'on juge devoir être suffisant pour l'exécution de ces cinq projets réunis en un seul. Qu'on ne prendra ces fonds qu'à deux époques différentes, mille livres à chaque fois, & le second payement de mille livres ne se fera qu'un an après le premier. Que les actionnaires seront quatre ans sans retirer d'intérêt de leurs fonds, mais qu'après les quatre années révolues, il leur sera payé à perpétuité, pour chaque action, 200 liv. de rente annuelle, qui seront affectées sur les revenus de l'entreprise, après néanmoins que celle du prix des fonds de terre, qui sera privilégiée, aura été prélevée.

Le surplus des revenus, toute dépense déduite, appartiendra à la Couronne, & sera partie de son domaine. Les moulins, machines, maisons, &c. qui seront construits sur le canal, & dans toute sa longueur, appartiendront à l'Auteur du Projet ou à ses adjoints, qui les feront construire de leurs fonds particuliers, en payant l'emplacement, & qui seront chargés, comme on l'a dit, de l'entretien du canal : ce sera la seule récompense qui leur sera accordée, avec le droit de pêche dans toute l'étendue de ce canal.

La Garre restera à la Ville ou à ses premiers Entrepreneurs, moyennant le payement des sommes dont on sera convenu avec l'Auteur pour la faire finir. L'irrigation ou la diftri-bution des eaux par canaux & rigoles fur tous les terreins deftinés aux prairies, & les bâtimens à l'ufage de ces prairies, feront faits des fonds des actions : &, quand le tout aura été mis dans fa perfection, on donnera à baux à ferme ces prés & bâtimens aux plus offrans & derniers enchériffeurs, pour en jouir aux charges & conditions portées par les régle-mens qui feront faits à ce fujet. Les prix de ces baux feront portés à la caiffe du Receveur établi pour cet effet.

Les travaux néceffaires pour la diftribution des eaux dans les maifons de Paris, fe feront avec la plus grande célérité poffible, de pro-che en proche, en partant des filtroirs, & des Fauxbourgs Saint-Victor & Saint-Marceau, juf-qu'au milieu & dans toutes les autres extrêmités de la Ville. Comme les Propriétaires feront obligés de payer le capital & la rente à quoi ils feront affujettis, au fur & à mefure qu'ils jouiront des eaux dans le bas de leurs maifons, les fonds rentreront dès le com-mencement du double des premieres dépen-fes pour chaque maifon : ce qui fera beau-coup plus que fuffifant pour conduire toute l'entreprife à fa perfection. Il en reftera même une fomme de plus de huit millions, qui fera au profit de l'Etat, quand tout aura été achevé.

C'eft ce que l'Auteur fe fait fort de prou-ver avec évidence, parce qu'il établira un ordre fi fimple & des moyens fi affurés pour éviter le gafpillage & la friponnerie, qu'il ne pourra guères y en avoir. Ces manœuvres ne se pratiquent que trop dans les entreprises publiques, & elles les font presque toujours échouer. Elles sont portées aujourd'hui à un tel point, qu'il n'est presque plus possible de rien entreprendre, sans épuiser le trésor public, ou sans laisser l'entreprise imparfaite. On ne doutera pas de cette vérité, si l'on jette les yeux sur le vieux Louvre, le plus beau Palais de l'Europe, abandonné depuis près d'un siécle, malgré les vœux de tous les Citoyens pour le voir finir, sur la Place de Louis XV, le Portail & la Place de S. Sulpice, celui de S. Eustache, & tant d'autres monumens commencés, qui ne se finissent pas, à la honte de la Nation ; faute d'avoir encore remédié aux abus.

Réponses à quelques Objections.

Les choses les plus simples & les plus claires trouvent toujours des personnes qui y opposent des obstacles & des difficultés. Mais j'ai remarqué souvent que ceux qui en font naître le plus, étoient les moins instruits & les moins capables de pénétrer les choses, de sentir même leur propre intérêt. Ils cherchent à contredire uniquement pour se donner un air de supériorité de génie si déplacé, qu'ils font voir, par leurs objections mêmes, leur ignorance & leur ineptie.

Ce n'est pas à ces sortes de gens que je m'amuserai à répondre. Mais il y en a d'autres, dont je respecte le jugement, qui sont instruits & pénétrans, ou qui ont une capacité acquise par l'expérience, & qui peuvent me faire des objections raisonnables , telles que les suivantes.

Pour conduire à Paris, pendant plusieurs lieues, un canal des eaux de la Seine, & élever ces eaux à 100 ou 130 pieds plus haut que n'est le niveau de cette riviere à la porte Saint-Bernard, on trouvera beaucoup de difficultés à surmonter. 1°. Quantité de petites rivieres & ruisseaux qui coupent ce terrein, & qui feront autant d'obstacles à l'exécution. 2°. Ce canal passera par plusieurs terreins sablonneux & graveleux, qui non - seulement lui feront perdre toute son eau, mais causeront même dans la plaine des marécages fort incommodes & mal-sains. 3°. Il faudra, suivant le Projet, une grande quantité d'eau, pour arroser abondamment un terrein de 5000 arpens, faire des moulins & fournir de l'eau à toute une Ville aussi considérable que Paris, tant pour l'usage de ses habitans, que pour en laver les rues une fois par jour. Il en résultera que, dans les temps de sécheresse, la riviere aura peine à fournir à un si grand volume d'eau , & que la Navigation , aussi intéressante que tout ce que l'on propose, se trouvera tout-à-fait interrompue.

D'ailleurs, les personnes peu accoutumées à une œconomie bien dirigée, auront peine à se persuader que deux millions puissent suffire pour exécuter une entreprise aussi effrayante, dont les détails sont immenses. J'avoue de bonne-foi que ce Projet passe la portée des Projets ordinaires, où il ne se présente à la fois qu'un objet, plus facile , sans doute, à concevoir, qu'une quantité d'acceſſoires réunis, qui, par leur utilité différente, ſemblent n'avoir rien de commun, qu'un embarras capable de faire rejetter la choſe ſur ſon ſimple expoſé.

Raſſurez-vous, leur dirai-je. Cette affaire n'eſt pas propoſée, ſans avoir été auparavant bien examinée & combinée avec toute la réflexion poſſible. J'ai ſenti, comme vous, toutes ces difficultés & d'autres encore, & j'ai trouvé les moyens de les applanir toutes. Suivez pied à pied mes raiſonnemens, & vous conviendrez enſuite que ce que j'avance eſt fondé ſur l'expérience & ſur des faits ſimples, dont la poſſibilité eſt évidente.

Pour élever l'eau au deſſus du niveau de la riviere, vis-à-vis la Porte Saint-Bernard, par une pente plus douce que celle qu'elle a naturellement, ce ſera le niveau qui réglera cette opération, en prenant le canal à une diſtance aſſez éloignée, pour que le tout s'ajuſte aux vues projettées. Il ne faut pas une ſcience infinie pour cela. Il y aura des vallons & des ruiſſeaux à traverſer; heureuſement ils ne ſont pas fort larges. Il ne s'agira que de faire un pont ſimple ſur chacun de ces ruiſſeaux, pour laiſſer paſſer leurs eaux ſous le canal, afin qu'elles ne ſe mêlent pas avec celles que le canal conduira à Paris. Il faudra conſtruire dans les vallons une chauſſée aſſez longue, aſſez large & aſſez haute, pour tenir le canal à ſon niveau. Nous avons des moyens pour exécuter ce travail promptement & à peu de frais. Je les communiquerai dans le temps.

A l'égard des terreins qui ſeront ſpongieux

& peu propres à retenir les eaux, il s'en trouvera beaucoup d'autres d'une nature oppofée, dont on fe fervira pour rectifier le défaut de ces premiers. Et qu'on ne croie pas que cela devienne bien difpendieux. Le tranfport des terres fe fera fi aifément, que ce ne fera pas une dépenfe de plus de 10 à 12 f. par toife cube, quand même on feroit obligé de les voiturer à 3000 toifes de diftance. Que cela ne furprenne pas ; l'Auteur l'a exécuté ailleurs.

Quant à la crainte qu'on pourroit avoir que la riviere de Seine ne fût trop confidérablement diminuée par la quantité d'eau qu'on en tireroit pour fournir au canal & aux arrofemens, ce feroit une crainte chimérique. Car, le canal une fois rempli, ces arrofemens ou petites irrigations des prairies ne fe feroient que quand les eaux fe trouveroient furabondantes à la Navigation ; &, comme elles font toujours fuffifantes pendant l'hiver & le printemps jufqu'à la S. Jean, qui eft la faifon propre à couper les foins, on ne manquera jamais d'eau pour arrofer les prés ni pour la Navigation. Il y aura même des années où l'on n'en manquera pas non plus en été & jufques en Octobre.

Pour la grande confommation que la Ville de Paris en pourra faire, de même que les moulins & la Garre même, après un calcul bien réfléchi, l'Auteur a trouvé que trois pieds d'un pied quarré d'ouverture, avec une vîteffe de trois pieds par feconde, feront plus que fuffifans pour fournir de l'eau à toute la Ville de Paris & en laver les rues tous les matins ;

matins. Et, quoique Paris soit autant en nombre que l'armée des Xerxès l'étoit, lorsqu'elle tarit un fleuve pour se désaltérer, suivant l'Histoire, le Peuple & tous les animaux qui boivent dans Paris ne tariront pas l'eau que trois pieds quarrés donneront continuellement dans vingt-quatre heures, malgré que la majeure partie de cette eau soit employée à laver les rues. Il ne faudra d'ailleurs que sept pieds d'eau ayant la vîtesse de trois pieds par seconde, pour faire mouvoir plus de quarante roues de moulins. Ainsi dix pieds d'eau prise sur le courant de la riviere, dans le temps qu'elle sera la plus basse, ne diminuera pas son volume d'un demi-pouce sur toute sa largeur ; ce qui ne sauroit nuire à la Navigation.

M. de Parcieux, Architecte, avoit proposé de conduire à Paris les eaux de la riviere d'Yvette. Son projet en avoit été donné au Public. Je donne de même le mien. C'est le moyen de s'éclairer sur une entreprise de cette importance, que de consulter le sentiment du Public, qui est toujours plus sûr que celui de quelques particuliers, qui n'écoutent souvent que leur propre intérêt. Le Public n'approuve que suivant que la chose l'affecte, mais c'est toujours relativement au bien général. Si on le consultoit chaque fois qu'on veut faire quelque chose pour son avantage, on ne feroit pas tant de fautes qu'on en fait ordinairement.

Pour revenir à notre objet, le projet que je propose est, sans doute, bien différent de celui de M. de Parcieux. Car, 1°. Les eaux que je veux donner à Paris, étant prises au-dessus de Corbeil dans la riviere de Seine, seront, sans contredit, plus abondantes & plus salubres que celles de la riviere d'Yvette, que tout le monde sait être d'une eau marécageuse. 2°. Je fais des prairies d'une importance considérable & d'un produit réel pour la Ville de Paris. 3°. J'améliore nos facultés, & tout le Peuple s'en ressentira. L'entreprise est vaste, j'en conviens; mais les avantages en sont grands ; & certainement , par les moyens que j'employerai, je réduirai les choses à une si grande simplicité, qu'il en coûtera peu pour l'exécution.

Paris aura une eau pure & abondante, fraîche en été & tempérée en hiver ; ses rues seront nettoyées, l'air sera purifié, & l'on n'aura plus besoin de puits, qui sont nuisibles aux fondations des maisons, & dont l'eau est toujours mal-saine & dégoutante. On sera débarrassé de plus de dix-huit à vingt mille porteurs d'eau , qui retourneront dans les campagnes offrir leurs services aux Laboureurs. Il n'y a pas de jour que les habitans de Paris ne dépensent 15000 liv. pour se procurer dans leurs maisons de l'eau de la Seine mal-propre. C'est le moins qu'un porteur d'eau gagne vingt sols par jour, du fort au foible. Qu'il n'y en ait que 15000 , soit en hiver, soit en été , c'est par année plus de cinq millions qu'il en coûte réellement aux habitans. Par le présent Projet, ils auront de l'eau continuellement & en abondance pour leur boisson & leurs autres besoins domestiques, les rues seront lavées tous les jours, & il ne leur en coûtera pas le quart.

C'est au Public à examiner & à juger si la proposition que l'on fait, par ce Mémoire, peut lui convenir & lui être avantageuse. Les Journaux nous feront savoir ce qu'il en pensera.

OBSERVATIONS

SUR LES GRANDS CHEMINS,

SUR LES INCONVÉNIENS DES CORVÉES,

E T

SUR CEUX DES VOITURES ORDINAIRES,

Avec les moyens d'y remédier.

*Par M. de G**.*

OBSERVATIONS

SUR LES GRANDS CHEMINS,

SUR LES INCONVÉNIENS DES CORVÉES,

ET SUR CEUX

DES VOITURES ORDINAIRES.

L A Ville de Paris s'augmente & s'embellit tous les jours : rien en cela n'eſt étonnant. Elle eſt le centre & comme le dépôt général des richeſſes de la Nation, que produiſent le Commerce & l'induſtrie des Provinces, qui les y envoient ſans ceſſe, & qui par-là font cette Capitale ce qu'elle eſt. L'opulence, les Beaux-Arts, le faſte & les vices y ont établi leur empire. Ces deux derniers effets du luxe & de la frivolité font la monnoie la plus ordinaire qu'elle donne en échange aux Provinces. Pour entretenir cette correſpondance, on a fait partout de nouvelles routes, & on a rétabli les anciennes, où ſe trouvent & la commodité des Voyageurs, & la facilité du tranſport des denrées & autres marchandiſes.

Cette conſtruction & ce rétabliſſement des grands chemins a été la plus belle & la plus utile entrepriſe du dernier Regne ; mais les moyens dont on s'eft fervi pour l'exécution, ne paroiffent pas avoir été des mieux réfléchis, relativement à l'avantage des Provinces & de la Capitale même; c'eft-à-dire, qu'en faifant faire les chemins par la corvée, ç'a été prendre le parti le plus difpendieux, & le plus onéreux au peuple, comme l'expérience l'a fait voir.

Pour s'en convaincre, que l'on confidere d'abord combien de perfonnes prétendent être & font en effet exemptes de cette efpece de fervitude, fans autre raifon que leur état ou leur bien-être, qui devroit plutôt les y affujettir; ce qui fait que le poids de la corvée ne tombe que fur les plus miférables, qui fréquentent le moins les grands chemins, & qui ont le plus befoin de tirer parti de leurs travaux.

D'ailleurs, quelle perte ne leur caufe-t-on pas, en les obligeant de travailler fans aucune récompenfe, & en les faifant venir eux & leurs beftiaux quelquefois de plus de deux lieues! Ils arrivent tard, s'en retournent de bonne heure, & paffent ainfi leur temps à fe fatiguer par la marche, fans prefque rien faire de l'ouvrage, qui par-là n'avance point. On les oblige à y revenir plus fouvent pour le finir; & comme cette manœuvre arrive deux ou trois fois par année, les corvoyeurs facrifient ainfi plufieurs journées de leurs perfonnes & de leurs voitures, pour ne faire de travail que ce qu'un ouvrier ordinaire, qui feroit fur les lieux, feroit en un jour.

Cette perte de temps n'eft pas la feule qu'on leur occafionne. Ils font obligés de fe déranger de leurs occupations ordinaires, fouvent très-urgentes , & dans des temps précieux aux objets de leurs entreprifes ; ce qui les fait quelquefois manquer , & leur caufe un tort qu'on ne fauroit eftimer. On voit dans des Paroiffes de campagne, que les corvées , foit d'hommes, foit de chevaux ou de bêtes de trait, coûtoient à chaque Communauté autant & plus que fi elles avoient payé 300 liv. en fus de leurs impofitions ; tandis que 50 liv. données à des ouvriers fur les lieux , auroient procuré plus d'ouvrage , que n'avoit fait la corvée de toute une groffe Paroiffe.

Que l'on confidére donc que cet objet n'eft pas de petite conféquence pour une Paroiffe déja chargée de taxes confidérables , qu'elle a peine à payer. Ce fardeau n'eft mis que fur les fimples cultivateurs & artifans de la campagne, c'eft-à-dire, les moins en état de fupporter cette charge, qui eft très-onéreufe dans un Royaume auffi vafte que celui de France. On compte communément 35000 Paroiffes de campagne. Que cela faffe, comme nous l'avons dit, un préjudice de 300 liv. par Paroiffe toutes les années, on trouvera que, pour toutes ces Paroiffes enfemble , cela fait une perte de 10500000 liv., laquelle fait plus que de tripler, fi on l'apprécie fur l'Agriculture & le Commerce, qui en fouffrent d'autant, parce que les cultivateurs & les artifans de campagne, qui créent toutes nos vraies richeffes, ont perdu leur temps à la corvée.

Un Miniftre zélé pour le bien de l'Etat &

le foulagèment du Peuple, étant Intendant
d'une Province, a fenti, par l'expérience,
tous les inconvéniens des corvées. Il a ob-
tenu du Confeil qu'il n'y en auroit plus dans
fa Province, que dorénavant on y payeroit
tous les travaux des chemins en argent, &
que cet argent feroit levé fur les Paroiffes.
Ce moyen eft bon jufqu'à un certain point.
Mais, fi les perfonnes prépofées par le Roi
pour veiller à ces travaux, font en même
temps les taxateurs & les diftributeurs de la
finance, n'a-t-on pas à craindre que ce foit
une porte de plus ouverte aux abus, & que,
pour une dépenfe de cinq fols, on n'en im-
pofe trente fur le Peuple, fans que les chemins en foient mieux entretenus? Tant d'e-
xemples de cette forte, tel que l'impôt mis
fur les bateaux à Paris en faveur de la Garre,
qui ne fe finit pas, tandis que l'impôt a toujours lieu, & beaucoup d'autres, forment un
préjugé très-défavantageux à un pareil arrangement.

Il eft vrai que cela feroit moins de tort
au Peuple, que la perte de fon temps par la
corvée actuelle : car enfin perfonne ne gagne,
quand un laboureur ou un ouvrier perd fon
temps, ou manque de travailler à l'accroif-
fement des richeffes de la Nation. Le bien
qui en feroit venu, eft perdu pour tout le
monde : au lieu que l'impôt mis fur le gain
du Cultivateur & de l'Artifan, en leur en laif-
fant une partie pour vivre, fera vivre encore
ceux qu'on payera pour travailler aux chemins, & enrichira de plus une infinité de Commis : c'eft la feule différence qu'il y ait entre

la corvée, & l'impôt qu'on y fubſtitueroit.
Les chemins feroient faits ou réparés tant bien
que mal ; car les Directeurs & Inſpecteurs
les trouveront toujours aſſez bien, quand ce
feront eux qui régleront & diſtribueront les
payemens aux ouvriers.

Non : jamais les ouvrages deſtinés à l'uſage
public ne ſont bien faits, quand celui qui or-
donne, paye ceux qui exécutent : l'intérêt
du particulier prend toujours ſur celui du
Public, qui par-là eſt mal ſervi. Mais, qu'on
diſtribue à chaque Paroiſſe une certaine étendue de chemin à faire ou à réparer, qui ſoit
proportionnée aux facultés de ſes habitans,
& qu'enſuite on laiſſe à ces habitans le ſoin
de faire leur marché avec ceux qui ſe pré-
ſenteront pour y travailler ; que ce ſoit une
entrepriſe faite publiquement & au rabais,
ſous la condition que le Directeur approu-
vera l'ouvrage, lorſqu'il ſera fini. La Paroiſſe
alors payera l'ouvrier elle-même, en faiſant
une répartition de la ſomme totale au marc
la livre, non ſur les ſeuls taillables, mais ſur
tous ceux qui payent les Vingtiemes. Par ce
moyen, nul n'en ſera exempt, tant Noble
que roturier, & chacun payera ſa cote-part
de cette charge, qui doit être commune.

On ſent bien qu'il pourra toujours y avoir
quelques abus. Un Prépoſé, qui ne ſera pas
honnête homme, ſe laiſſera gagner par argent, pour trouver l'ouvrage bien fait, lorfqu'il ſera défectueux ; ou il ſera de mauvai-
ſes difficultés, pour fatiguer l'Entrepreneur
& inquiéter les Paroiſſes, & d'autres manœuvres qui peuvent arriver : mais, comme ce

seront des faits faciles à prouver, MM. les
Intendans y tiendront la main ; & celui qui
malverseroit dans son poste, auroit à craindre d'en être cassé ignominieusement. Tel est
le moyen qu'on propose, pour mettre les
chemins en bon état, & le Peuple à l'abri
de la véxation : on desire que de plus clair-
voyans en trouvent un meilleur.

Un autre inconvénient auquel il est nécessaire de remédier, par rapport aux grands
chemins, est leur dégradation causée par les
grosses voitures qui y roulent, & qui les ren-
dent impraticables en peu de temps. Quelque solidité qu'on puisse leur donner, ces
voitures, par leur poids énorme & leurs roues
tranchantes, les brisent & les pulvérisent.
C'est ce que font principalement les Carrosses publics & les Voitures de grosses marchandises, dont les roues sont presque toutes min-
ces & incisives dans leur circonférence.

Une Nation voisine, plus éclairée que nous
sur ses véritables intérêts, & qui ne fait rien
sans en avoir considéré les avantages & les
inconvéniens, les Anglois nous ont donné
depuis long-temps sur ce sujet un bon exemple à suivre. C'est de faire les roues de toutes les Voitures publiques & de transport de
fardeaux, plus larges, en proportion du poids
que ces Voitures doivent porter.

L'Auteur vient d'en faire l'essai, en faisant
construire une Voiture, qui n'a que trois roues,
deux grandes sur le derriere, & une troisieme
plus petite sur le devant, qui brise le trait,
& tourne de droite à gauche sur elle-même,
sans cheville ouvriere, d'une maniere solide

& très-simple : ce qui facilite de tourner cette Voiture dans les rues les plus étroites, plus aifément qu'on ne fait un Carroffe. On peut voir le deffein de cette Voiture dans la Planche ci-jointe.

Les jantes des roues ont neuf pouces , & ont double raie ; leur hauteur eft de cinq pieds pour celles de derriere, & de trois pieds & demi pour celle de devant. Cette Voiture porte le poids de fept milliers, tirée par trois chevaux ou quatre bœufs fur des terreins mouvans , comme terres labourées , ou chemins dont les terres font nouvellement remuées. Elle roule avec plus d'aifance fur ces terreins, qu'une Voiture qui a des roues ordinaires avec le double de chevaux & la même charge.

Elle fait plus : en paffant plufieurs fois dans le même endroit , elle applanit le chemin & le rend ferme, fans qu'il y ait trace d'orniere, pourvu qu'on ait foin de faire paffer les roues fucceffivement dans les différens endroits , pour y comprimer la terre également , comme feroient des rouleaux. Elle a de plus l'avantage , par la maniere dont elle eft conftruite, de ne pouvoir verfer auffi facilement que les Voitures actuelles. Toutes les perfonnes qui l'ont vu conftruire , & qui s'étoient imaginé que cette Voiture ne pourroit rouler qu'avec beaucoup de peine , ont été extrêmement furprifes de voir qu'une foible paire de vaches la menoit par-tout, & la faifoit monter par un chemin, dont la pente étoit de plus de fix pouces par toife. Enfin , l'expérience a convaincu tous ceux qui en doutoient, que cette invention est préférable, à tous égards, à nos Voitures actuelles. On peut en voir l'essai qui s'en fait aux dépens du Ministre protecteur de tout ce qui est d'utilité publique.

Elles seront utiles non-seulement pour les Voitures des grandes routes, mais même pour voiturer dans les campagnes les terres, les fumiers, les foins, &c. à travers des prés gras ou des terreins mouvans.

Ce seroit un moyen certain, pour empêcher la dégradation des grandes routes, & diminuer les frais de leur entretien, que d'ordonner, sous peine de confiscation des chevaux & de la voiture, que tous ceux qui feroient des transports de marchandises ou matériaux, se serviroient de Voitures faites, suivant ce nouveau système, à trois roues, & que celles à deux chevaux auroient leurs roues larges au moins de sept pouces, celles à trois chevaux de huit pouces, celles à quatre chevaux de neuf pouces, & celles à six chevaux de dix pouces; car six chevaux, avec de semblables Voitures, en feroient autant, pour le tirage, que dix avec les Voitures ordinaires.

L'avantage de cette invention la fera sans doute adopter par le Ministere, pour soulager les Peuples de l'entretien si onéreux des grandes routes. Il ne sera pas nécessaire pour cela que l'on change rien aux Carrosses & Chaises roulantes des particuliers, parce que ce ne sont pas ces Voitures qui peuvent endommager beaucoup les chemins & en pulvériser le sol, comme font les Voitures de gros fardeaux.

PROPOSITION

A FAIRE

AUX MAÎTRES DES CARROSSES

ET

DILIGENCES PUBLIQUES

DU ROYAUME.

*Par M. de G**.*

PROPOSITION

A FAIRE

AUX MAITRES DES CARROSSES

ET

DILIGENCES PUBLIQUES,

L'Intérêt des Entrepreneurs de Voitures publiques dépendant de la commodité, de la promptitude & du bon marché que l'on trouve dans leur service, il n'est pas douteux qu'ils feroient un plus grand profit, si on leur procuroit le moyen d'avoir des Voitures légeres & solides, qui réunissent tous ces avantages. On leur propose ici le Projet d'une Voiture de cette espece, dans laquelle, par exemple, quatorze personnes seroient placées commodément & sans aucune gêne, qui seroit suspendue par des ressorts doux & lians, capables de garantir de tous cahos & autres secousses, & qui mettroit les voyageurs à l'abri de toutes les injures du temps. Il ne faudroit que quatre chevaux à cette Voiture, pour lui faire parcourir au trot en deux heures de temps trois lieues, ou vingt-cinq lieues en seize heures de course.

Suppofons qu'il s'agiſſe de la route de Paris à Lyon, l'une des plus fréquentées du Royaume, que l'on fait en fix jours en hiver & en cinq jours en été, par les Diligences actuelles, qui ne contiennent que huit perſonnes, & où chaque perſonne paye cent livres pour tranſport & nourriture. On établiroit pour la nouvelle Voiture fur cette route trente-quatre relais, & de quatre en quatre relais une auberge pour y dîner ou y fouper, qui ſerviroit également à la Voiture qui viendroit de Paris, & à celle qui reviendroit de Lyon. Il n'y auroit ainſi que quatre dînées & trois couchées dans toute la route.

On obſervera de plus, que les mêmes chevaux qui auront parcouru les trois premieres lieues en deux heures, pourront aiſément, après huit heures de repos, refaire ces trois mêmes lieues, avec une Voiture pareille, pour retourner à la couchée de leur relai, parce qu'ils auront enſuite douze autres heures de repos avant de recommencer la même courſe. Comme il faudra ſervir par jour deux Voitures, l'une allante & l'autre revenante, huit chevaux par relai pourroient ſuffire au ſervice ; mais on en mettra douze, pour plus de ſûreté, & afin de pouvoir donner encore du repos aux chevaux de trois jours l'un.

Suivant cet arrangement, il faudra pour 34 relais 408 chevaux forts & vigoureux, mais moins péſans que ceux de la Diligence actuelle. On évalue la nourriture de chaque cheval à 2 liv. par jour. Ce ſera tout au plus, lorſqu'on aura ſoin ſur-tout d'acheter en gros les fournitures qui leur font néceffaires; ainfi c'eft un objet de dépenfe de 816 livres chaque jour. On eftime de même que les roues, qui font ce qui fatigue le plus à une Voiture, avec le ferrage & les harnois des chevaux, coûteront 80 l. d'entretien par chaque voyage & retour de Lyon à Paris. Ce fera donc 500 liv. de dépenfe pour les Entrepreneurs.

Mais, s'ils fe bornent encore à ne prendre que 60 liv. par perfonne, au lieu de 100 liv. pour le tranfport & la nourriture de quatre dîners & trois foupers, il eft à préfumer que le bon marché fera qu'en tout temps cette Voiture fera remplie de préférence à toute autre. Il pourra y avoir d'ailleurs quatre différentes places ou loges affectées aux perfonnes de marque, lefquelles en donnant dix fols de plus par repas, pourront fe faire donner une table féparée dans les auberges.

. En partant de toutes ces fuppofitions, & mettant la nourriture & le coucher à part pour 10 liv., il refteroit une fomme de 50 liv. pour les Entrepreneurs par chaque voyageur; & comme il y auroit quatorze places d'allans & quatorze de venans de Lyon à Paris, cela feroit 1400 liv. fur quoi déduifant 900 liv. pour tous frais, il refteroit une fomme de 500 liv. quitte & nette aux Entrepreneurs par chaque jour. Car, comme on vient de le dire, le nombre des places feroit toujours rempli, foit de Paris, foit de Lyon ou des autres Villes qui font fur la route, à caufe du bon marché. On prendroit par relai 2 liv. fans nourriture, fi l'on n'alloit qu'à une ou deux journées. Ainſi, il feroit de regle que quelqu'un qui voudroit faire 24 lieues dans un jour, payeroit 16 liv. pour le port de ſa perſonne & d'un paquet de dix livres ſeulement.

Il y auroit un Fourgon qui ſuivroit de près la Voiture, ſur lequel on mettroit les malles & autres ballots de gros poids, qu'on voudroit faire partir avec la même Diligence. Cette Voiture porteroit quatre milliers peſant, à raiſon de ſix ſols la livre, comme on paye à préſent, & cela feroit un objet de 1200 liv. Il faudroit à cette Voiture ſix chevaux. Ce feroit d'ailleurs une affaire de calcul ; car quand il y auroit moins de poids, on mettroit moins de chevaux, de même que lorſqu'il y auroit moins de voyageurs dans la Diligence, on y mettroit auſſi moins de chevaux.

En ſuivant ce Projet, il eſt certain que les Entrepreneurs y gagneroient conſidérablement, & que le Public, de ſon côté, y trouveroit un avantage réel pour ſa commodité & le Commerce. Cette facilité de voyager donneroit encore à la Ville de Paris beaucoup plus de gens de Provinces & même d'Etrangers, qui ſe privent ſouvent de venir voir la Capitale, par la cherté du voyage.

Cette propoſition eſt faite par celui qui a l'invention de la Voiture dont eſt queſtion, & qui offre d'en donner aux Entrepreneurs des Carroſſes & Diligences un modéle à un juſte prix. On pourra, à cet effet, s'adreſſer à M. de G**.

F I N.

APPROBATION.

J'Ai lu, par ordre de Monseigneur le Garde des Sceaux, un manuscrit ayant pour titre : *L'unique Moyen de soulager le Peuple, &c.* Je n'y ai rien trouvé qui m'ait paru contraire à la Religion, ni aux mœurs. A Paris, le 25 Juillet 1775.

CADET DE SAINEVILLE.

PRIVILEGE DU ROI.

LOUIS, PAR LÁ GRACE DE DIEU, ROI DE FRANCE ET DE NAVARRE. A nos amés & féaux Conseillers, les Gens tenans nos Cours de Parlement, Maîtres des Requêtes ordinaires de notre Hôtel, Grand Conseil, Prévôt de Paris, Baillifs, Sénéchaux, leurs Lieutenans Civils, & autres, nos Justiciers qu'il appartiendra : SALUT, notre amé le Sr. DE GOYON nous a fait exposer qu'il desireroit faire imprimer & donner au public les Ouvrages qui ont pour titre : *L'unique Moyen de soulager le peuple. Essai sur la théorie du Commerce des Grains. Projet d'utilité & d'ornement pour la Ville de Paris. Observations sur les grands Chemins. Proposition à faire aux Maîtres des Carrosses publics, &c.* s'il nous plaisoit lui accorder nos Lettres de Permission pour ce nécessaires. A CES CAUSES, voulant favorablement traiter l'Exposant, Nous lui avons permis & permettons par ces Présentes, de faire imprimer lesdits Ouvrage autant de fois que bon lui semblera, & de les faire vendre & débiter par tout notre Royaume pendant le tems de trois années consécutives, à compter du jour de la date des Présentes. FAISONS défenses à tous Imprimeurs, Libraires, & autres personnes, de quelque qualité & condition qu'elles soient, d'en introduire d'impres-

fion étrangere dans aucun lieu de notre obéiffance :
A LA CHARGE que ces Préfentes feront enregiftrées tout
au long fur le Regiftre de la Communauté des Imprimeurs
& Libraires de Paris, dans trois mois de la date d'icelles ;
que l'impreffion defdits Ouvrages fera faite dans notre
Royaume, & non ailleurs, en bon papier & beaux carac-
teres ; que l'Impétrant fe conformera en tout aux Régle-
mens de la Librairie, & notamment à celui du 10 Avril
1725, à peine de déchéance de la préfente Permiffion ;
qu'avant de l'expofer en vente, le Manufcrit qui aura fervi
de copie à l'impreffion defdits Ouvrages, fera remis dans
le même état où l'Approbation y aura été donnée, ès mains
de notre très-cher & féal Chevalier, Garde des Sceaux de
France, le fieur HUE DE MIROMENIL ; qu'il en fera en-
fuite remis deux Exemplaires dans notre Bibliothéque publique ; un dans celle de notre Château du Louvre, un
dans celle de notre très-cher & féal Chevalier, Chan-
celier, le fieur DE MAUPEOU, & un dans celle dudit fieur
HUE DE MIROMENIL : le tout à peine de nullité des Préfentes ; DU CONTENU defquelles VOUS MANDONS & enjoi-
gnons de faire jouir ledit Expofant & fes ayans caufes,
pleinement & paifiblement, fans fouffrir qu'il leur foit fait
aucun trouble ou empêchement. VOULONS qu'à la copie
des Préfentes, qui fera imprimée tout au long, au com-
mencement ou à la fin defdits Ouvrages, foi foit ajoutée
comme à l'original. COMMANDONS au premier notre Huif-
fier ou Sergent fur ce requis, de faire pour l'exécution
d'icelles, tous actes requis & néceffaires, fans demander
autre permiffion, & nonobftant clameur de Haro, Charte
normande, & Lettres à ce contraires ; Car tel eft notre
plaifir. DONNÉ à Paris, le trentiéme jour du mois d'Août,
l'an de grace mil fept cent foixante-quinze, & de notre
Regne le deuxième.

PAR LE ROI EN SON CONSEIL.

Signé, LEBEGUE.

Régiftré fur le Regiftre XX de la Chambre Royale &
Syndicale des Libraires & Imprimeurs de Paris, n°. 384.
fol. 11. conformément au Réglement de 1723, qui fait

défenses, article *IV*, à toutes perfonnes de quelque qualité & condition qu'elles foient, autres que les Libraires
& Imprimeurs, de vendre, débiter, faire afficher aucuns
livres, pour les vendre en leurs noms, foit qu'ils s'en di-
fent les Auteurs, ou autrement, & à la charge de fournir
à la fufdite Chambre huit exemplaires, prefcrits par l'article 108 du même Règlement. A Paris ce 6 Septembre 1775.

Signé, DEBURE, fils aîné, Adjoint.